中国教育信息化发展报告

（2020）

教育部教育信息化战略研究基地（华中） 编

人民教育出版社
·北京·

图书在版编目（CIP）数据

中国教育信息化发展报告.2020 / 教育部教育信息化战略研究基地（华中）编．— 北京：人民教育出版社，2021.12

ISBN 978-7-107-36248-4

Ⅰ.①中… Ⅱ.①教… Ⅲ.①教育工作—信息化—研究报告—中国—2020 Ⅳ.① G43

中国版本图书馆 CIP 数据核字（2021）第 250331 号

中国教育信息化发展报告（2020）

出版发行　人民教育出版社
　　　　　（北京市海淀区中关村南大街 17 号院 1 号楼　邮编：100081）
网　　址　http://www.pep.com.cn
经　　销　全国新华书店
印　　刷　北京盛通印刷股份有限公司
版　　次　2021 年 12 月第 1 版
印　　次　2021 年 12 月第 1 次印刷
开　　本　787 毫米 ×1 092 毫米　1/16
印　　张　10.75
字　　数　258 千字
印　　数　0 001~1 500 册
定　　价　38.50 元

版权所有·未经许可不得采用任何方式擅自复制或使用本产品任何部分·违者必究
如发现内容质量问题、印装质量问题，请与本社联系。电话：400-810-5788

《中国教育信息化发展报告（2020）》
编制工作组

顾问
钟登华

雷朝滋　舒　华　任昌山　潘润恺　李琳娜

编写委员会
主　编：杨宗凯
编　委：王珠珠　李建聪　曾德华　李德芳　韩　骏　李崇荣
　　　　刘　莹　袁亚兴　吴　砥　黄秀根　郑　莉　杨　非
　　　　柯清超　杨　浩　程建钢　韩锡斌　闫寒冰　魏顺平
　　　　张　纲　刘　峰　冯吉兵　卢　春　魏　非　杜　婧
　　　　吴淑苹　刘　学　李翠红　杨金勇　徐　建

秘书长：吴　砥
副秘书长：尉小荣
秘　书：徐　建　卢　春　吴　晨　石映辉　陈　敏　李亚婷
　　　　朱　莎　王美倩　余丽芹　桂徐君　饶景阳　蒋龙艳

序　　言

《国家中长期教育改革和发展规划纲要（2010—2020年）》指出"信息技术对教育发展具有革命性影响，必须予以高度重视"。《中国教育现代化2035》明确提出到2035年总体实现教育现代化。教育信息化是教育现代化的基本内涵和显著特征，是促进教育公平、提高教育质量、优化教育治理的有效手段，是构建泛在学习环境、实现全民终身学习的有力支撑。以教育信息化全面推动教育现代化，是我国教育改革发展的战略选择。

2012年，教育部发布《教育信息化十年发展规划（2011—2020年）》，绘制了教育信息化的中长期发展蓝图，明确了发展目标、任务和路径。规划发布以来，我国教育信息化快速发展，各项发展指标普遍实现翻倍增长，教育信息化应用模式创新取得突破性进展。教育信息化带来的影响已渗透到教育的各个方面，正在有力推动教育发生革命性变革。随着人工智能、大数据等技术的快速渗透，信息技术对教育发展的革命性影响必将进一步凸显。

2018年，《教育信息化2.0行动计划》正式发布，我国教育信息化进入转段升级的新阶段。在我国教育信息化从1.0时代进入2.0时代的关键节点，更有必要准确掌握我国教育信息化发展现状，全面梳理教育信息化发展成效和问题。为此，教育部委托教育部教育信息化战略研究基地（华中）持续开展一年一度的教育信息化发展状况调研，并组织编制全国教育信息化发展年度报告。该年度报告是记录我国教育信息化发展过程的权威材料，可为教育行政部门和研究机构提供重要参考。期望本书的出版对推动我国教育信息化发展、助力实现教育现代化2035发展目标起到积极的促进作用。

前　言

为全面反映我国教育信息化发展状况，为我国教育信息化建设提供支持和参考，受教育部科学技术司（2021年2月更名为科学技术与信息化司）委托，教育部教育信息化战略研究基地（华中）于2020年底完成了全国范围的教育信息化发展状况调研，对我国教育信息化总体发展状况进行了摸底。随后，我们在基础教育司、高等教育司、职业教育与成人教育司、教师工作司、社会科学司和教育部教育管理信息中心、中央电化教育馆、中国教育电视台、国家开放大学等教育部有关业务司局、直属单位的大力支持下，在充分整合各方教育信息化建设进展最新信息的基础上，完成了本书的编撰工作。

本书是集体智慧的结晶。教育部领导为本书的成书提供了重要指导，教育部科学技术与信息化司、社会科学司为本书编制提供了支持，教育部教育信息化战略研究基地（华中）负责组织编写，教育部有关业务司局、直属单位和地方各级教育行政部门、有关高校以及人民教育出版社均在本书成书过程中提供了大力支持。谨在此一并表示诚挚的感谢。

中国教育信息化发展报告已形成年度例行发布机制，《中国教育信息化发展报告（2013）》《中国教育信息化发展报告（2014）》《中国教育信息化发展报告（2015）》《中国教育信息化发展报告（2016）》《中国教育信息化发展报告（2017）》《中国教育信息化发展报告（2018）》《中国教育信息化发展报告（2019）》已由人民教育出版社出版，为我国教育信息化发展政策的制定、实施和发展状态的跟踪提供了支持和参考。本书暂不包括我国台湾、香港和澳门的教育信息化情况。

本书可作为各级教育行政部门领导、各级各类学校和其他教育机构管理者、广大教师、企业界人士、教育信息化相关行业研究人员的参考资料。限于水平，本书中可能有不妥之处，恳请各级领导、业内专家和广大读者批评指正。

《中国教育信息化发展报告（2020）》编制工作组
2021年8月

目 录

第一章 绪论 *1*
  第一节 编制说明 *3*
  第二节 教育信息化发展目标 *4*
  第三节 报告数据来源 *5*

第二章 基础教育信息化发展状况 *7*
  第一节 全国发展状况综述 *9*
  第二节 省域发展状况综述 *24*

第三章 职业教育信息化发展状况 *31*
  第一节 全国发展状况综述 *33*
  第二节 省域典型指标 *41*

第四章 高等教育信息化发展状况 *43*
  第一节 全国发展状况综述 *45*
  第二节 省域典型指标 *51*

第五章 继续教育信息化发展状况 *55*
  第一节 高校继续教育信息化发展状况 *57*
  第二节 国家开放大学教育信息化发展状况 *63*

第六章　特殊教育信息化发展状况　*67*

　　第一节　基础设施　*69*
　　第二节　教育资源　*71*
　　第三节　教学应用　*72*
　　第四节　管理信息化　*73*
　　第五节　保障机制　*74*

第七章　教育管理信息化发展状况　*77*

　　第一节　国家教育管理信息系统建设与应用情况　*79*
　　第二节　教育电子政务　*82*
　　第三节　国家其他政务信息系统建设与应用情况　*83*
　　第四节　部分地方教育管理信息系统建设与应用情况　*86*
　　第五节　地市、区县教育行政部门管理信息化发展情况　*92*

第八章　教育信息化公共支撑环境　*97*

　　第一节　教育信息化网络支撑环境　*99*
　　第二节　国家数字教育资源公共服务体系　*108*
　　第三节　教育信息化标准体系　*109*

第九章　教育信息化人才培养和保障机制　*117*

第一节　教育厅局长教育信息化专题培训　*119*
第二节　"网络学习空间人人通"专项培训　*120*
第三节　全国中小学教师信息技术应用能力提升工程　*122*
第四节　教育信息化相关学科与人才培养　*128*

附录　*147*

2020年中国教育信息化大事记　*149*
指标设计与指数测算方法　*160*

第一章 绪论

第一节 编制说明

《中国教育现代化2035》提出，到2035年，总体实现教育现代化，迈入教育强国行列，推动我国成为学习大国、人力资源强国和人才强国；强调大力推进教育理念、体系、制度、内容、方法、治理现代化。教育信息化对于促进教育公平、提高教育质量、构建泛在学习环境、实现全民终身学习、提升教育治理水平有重要意义，成为新时代推进我国教育事业改革发展、加快实现教育现代化、建设教育强国的重要战略选择。

2020年，突如其来的新冠肺炎疫情对在线教育、在线教学，对教育信息化都是一个巨大的挑战和推动力。教育部办公厅、工业和信息化部办公厅积极部署中小学延期开学期间"停课不停学"。本次在线教育的大规模实验，在为"战疫"大盘的稳定做出积极贡献的同时，也暴露出了一些短板和不足，如教育理念需要突破、在线教学效果亟待提升、信息技术保障仍有不足、家校共育尚未形成合力等。2020年9月22日，习近平总书记在教育文化卫生体育领域专家代表座谈会上的讲话中强调："要总结应对新冠肺炎疫情以来大规模在线教育的经验，利用信息技术更新教育理念、变革教育模式。"因此，必须准确掌握我国教育信息化发展的基本状况，总结大规模在线教育的经验，以此为基础规划后续教育信息化工作重点。同时，为深入贯彻党的十九大和十九届二中、三中、四中、五中全会精神，全面落实全国教育大会精神和《中国教育现代化2035》的战略部署，准确掌握"十三五"收官之年全国教育信息化发展状况，把脉定向"十四五"规划，加快教育信息化2.0发展，教育部教育信息化战略研究基地（华中）特组织编写《中国教育信息化发展报告（2020）》。

第二节　教育信息化发展目标

一、2020年教育信息化和网络安全工作核心目标[①]

一是全面落实党中央、国务院对教育领域网络安全和信息化的战略部署。做好《教育信息化十年发展规划（2011—2020年）》《教育信息化"十三五"规划》实施的收官工作。研制教育信息化中长期发展规划（2021—2035年）和"十四五"规划，出台推进"互联网+教育"发展、加强教育管理信息化的指导意见，举办国际人工智能与教育会议、世界慕课大会。

二是深入实施教育信息化2.0行动计划。科学规划推动教育专网建设，完善国家数字教育资源公共服务体系，启动国家中小学生网络学习平台建设，网络学习空间应用不断普及深入，师生信息素养持续提升。推广"三个课堂"模式应用，以"三区三州"为重点开展网络扶智工程。教育信息化试点示范效益彰显，不断探索"互联网+"条件下教育发展新模式。教育治理体系和治理能力现代化水平显著提升。

三是教育网络安全支撑体系不断完善，网络安全人才培养能力和质量全面提升，教育系统网络安全防护水平不断提高。出台教育部直属机关数据安全管理办法和教育系统数据安全的指导意见，组织开展教育系统关键信息基础设施认定和检查。举办国家网络安全宣传周"校园日"活动。

二、2020年教育信息化和网络安全工作目标完成情况

2020年，全国教育信息化和网络安全工作部分目标的完成情况见表1-1。

[①] 引自教育部办公厅印发的《2020年教育信息化和网络安全工作要点》。

表1-1　全国教育信息化和网络安全工作部分目标完成情况

序号	指标	目标值	实际值
1	省级平台接入国家数字教育资源公共服务体系	全部接入	全部接入
2	中小学校长"网络学习空间人人通"专项培训	2 000人	2 004人
3	骨干教师"网络学习空间人人通"专项培训	4 000人	4 010人
4	遴选职业院校数字校园建设典型学校	100所	116所
5	遴选新增"智慧教育示范区"创建区域	5个以上	12个
6	教育部教育信息化战略研究基地	新增2个	新增2个

第三节　报告数据来源

本报告是对我国《教育信息化十年发展规划（2011—2020年）》《教育信息化"十三五"规划》《教育信息化2.0行动计划》提出的各项发展任务的持续跟踪和调研情况的真实反映，旨在呈现2020年我国教育信息化的总体发展情况。

本报告数据来源主要包括三部分：

一是工作进展信息系统数据，即全国教育信息化工作进展信息系统中的典型指标数据，主要包含"宽带网络校校通""优质资源班班通""网络学习空间人人通"和管理信息系统、网络安全保障等方面的进展情况。

二是全国调研数据，即2020年全国教育信息化发展状况调研的数据。此次调研于2020年10月启动，涉及中小学、特殊教育学校、职业院校、高等院校以及教育管理部门。

三是专题专项类数据，主要来源于教育厅局长教育信息化专题培训、全国中小学校长和骨干教师"网络学习空间人人通"专项培训等。

第二章
基础教育信息化发展状况

第二章 基础教育信息化发展状况

第一节 全国发展状况综述

一、基础设施

（一）宽带网络

2014年以来，我国中小学互联网接入率呈现逐年上升的趋势。截至2020年底，我国中小学（不含教学点）全部实现了网络接入。具体情况如图2-1所示。

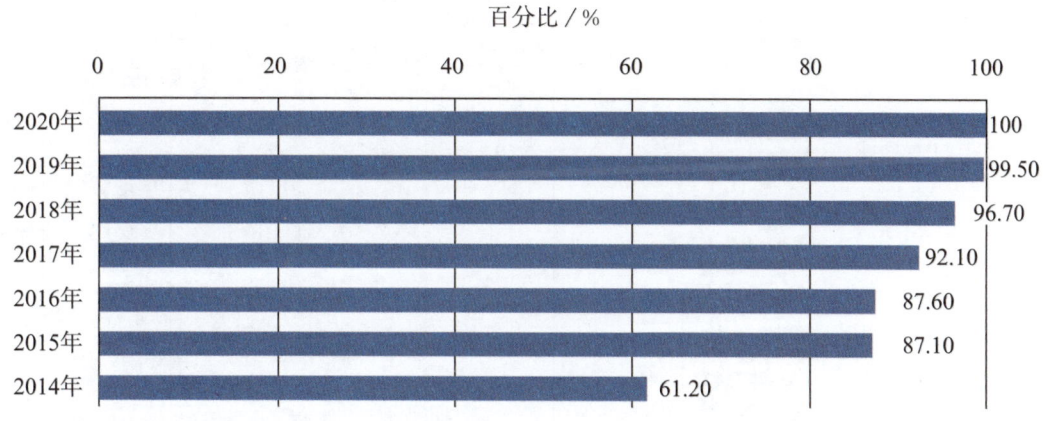

图2-1 历年实现互联网接入的学校比例

（二）无线网络

截至2020年底，我国57.28%的中小学建有无线网络，其中建有无线网络的高中占比达到61.44%。具体情况如图2-2所示。

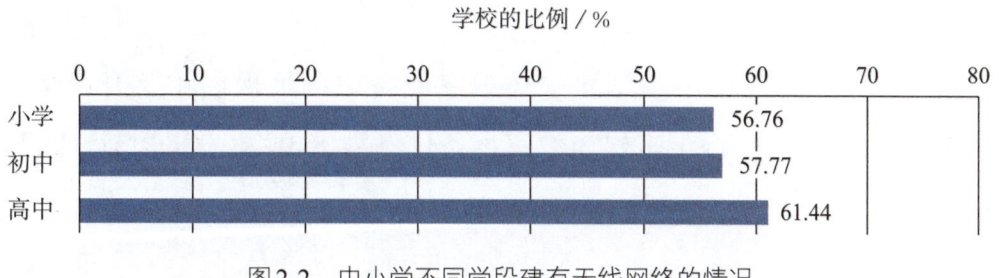

图2-2 中小学不同学段建有无线网络的情况

截至2020年底，约50%的中小学实现无线网络覆盖全部教学区，超过37%的中小学实现无线网络校内全覆盖。具体情况如图2-3所示。

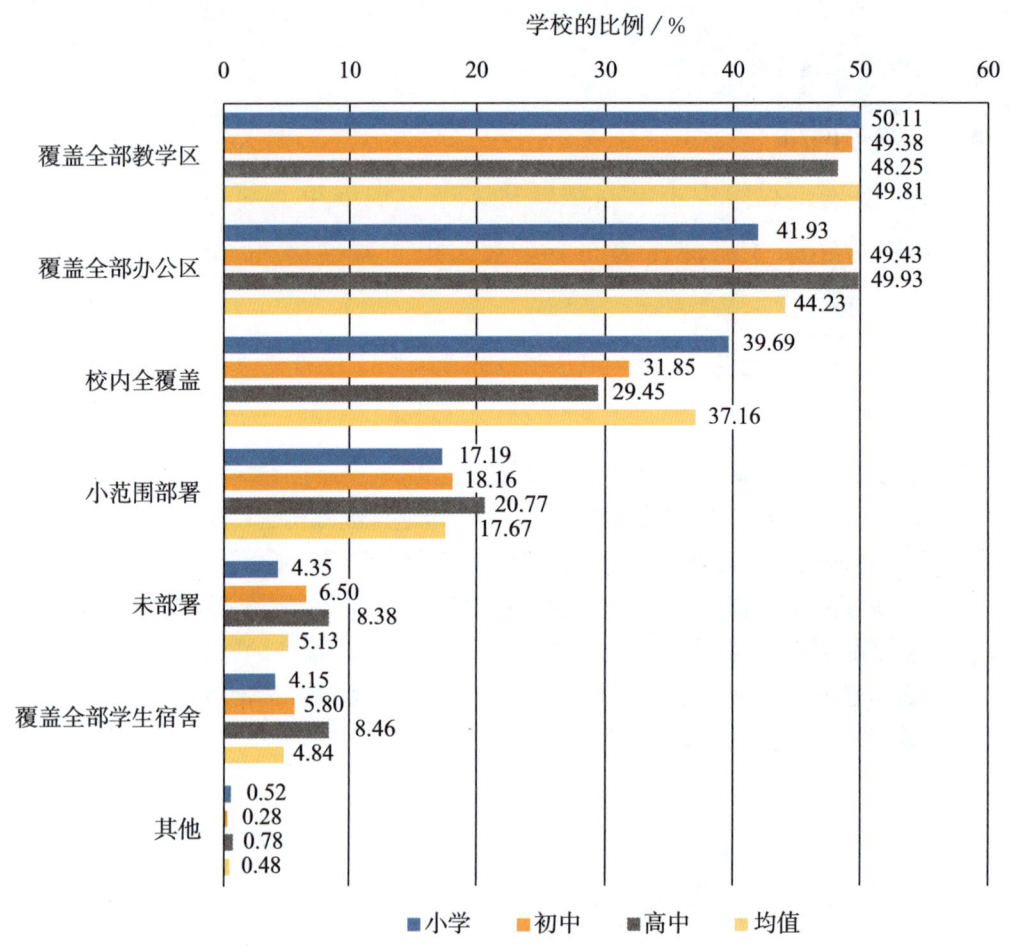

图2-3 中小学无线网络覆盖情况

（三）多媒体教室

2014年以来，我国中小学多媒体教室配备比例呈现逐年上升趋势。截至2020年底，我国中小学多媒体教室配备比例为96.09%。具体情况如图2-4所示。

第二章 基础教育信息化发展状况

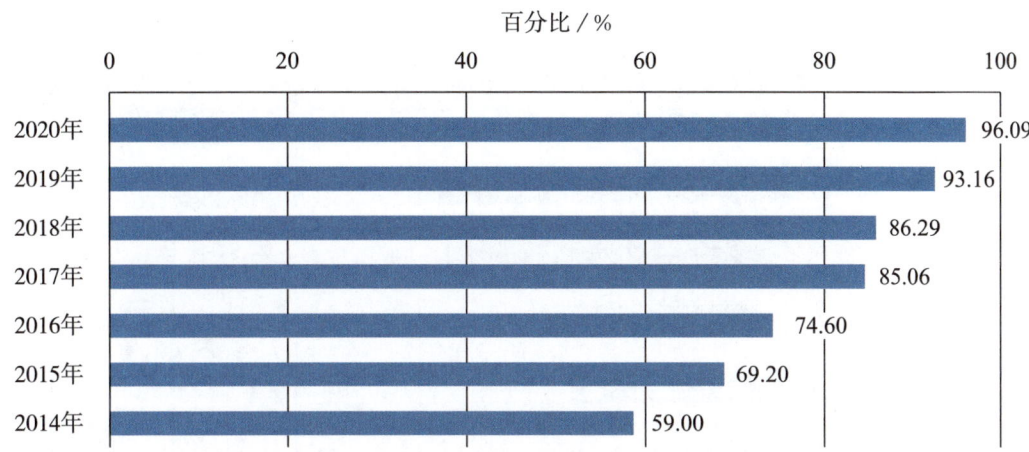

图 2-4 历年中小学多媒体教室配备比例

截至 2020 年底,多媒体教室使用率达到 90% 以上的中小学占 31.21%,多媒体教室使用率低于 20% 的中小学占 9.00%。具体情况如图 2-5 所示。

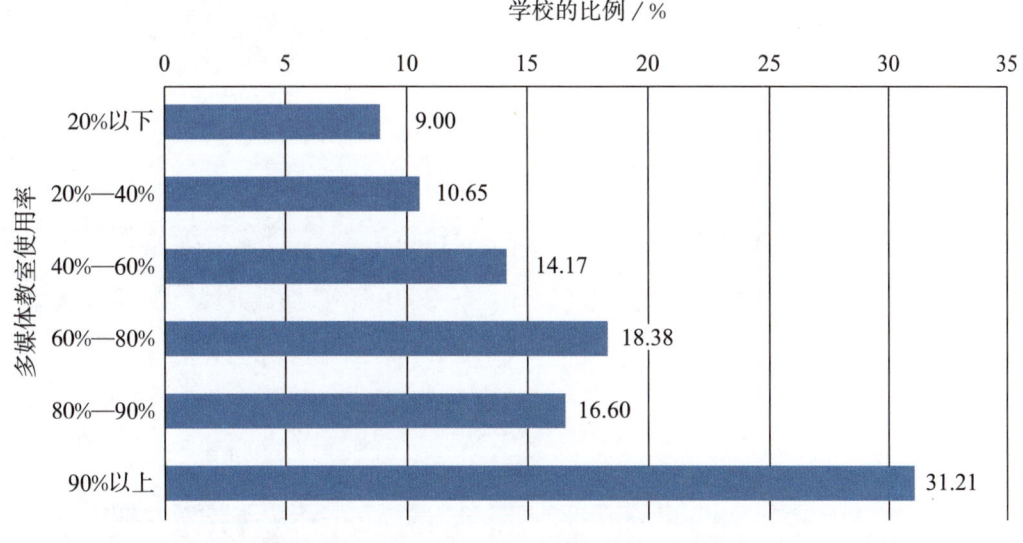

图 2-5 中小学多媒体教室的使用情况

（四）智能学习空间

截至 2020 年底,我国 27.92% 的中小学拥有智慧教室,14.24% 的中小学拥有智慧图书馆,14.02% 的中小学拥有创客实验室。具体情况如图 2-6 所示。

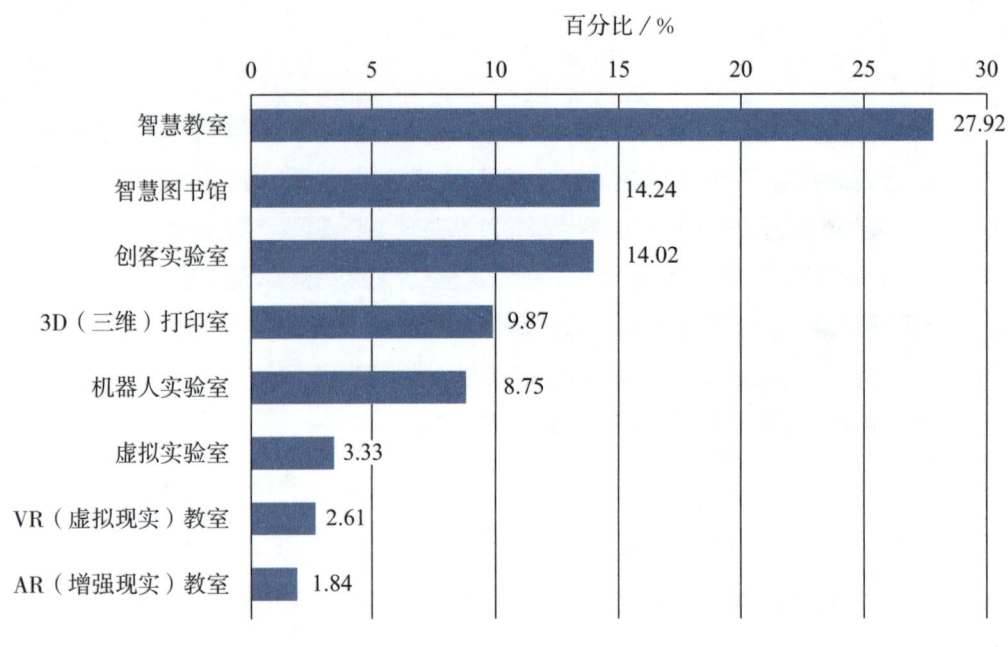

图2-6 拥有不同类型智能学习空间的学校比例

二、教育资源

（一）数字教育资源

截至2020年底，我国中小学语文、数学和英语学科拥有与纸质教材完整配套数字教育资源的学校比例均超过75%，较2019年有所上升。具体情况如图2-7所示。

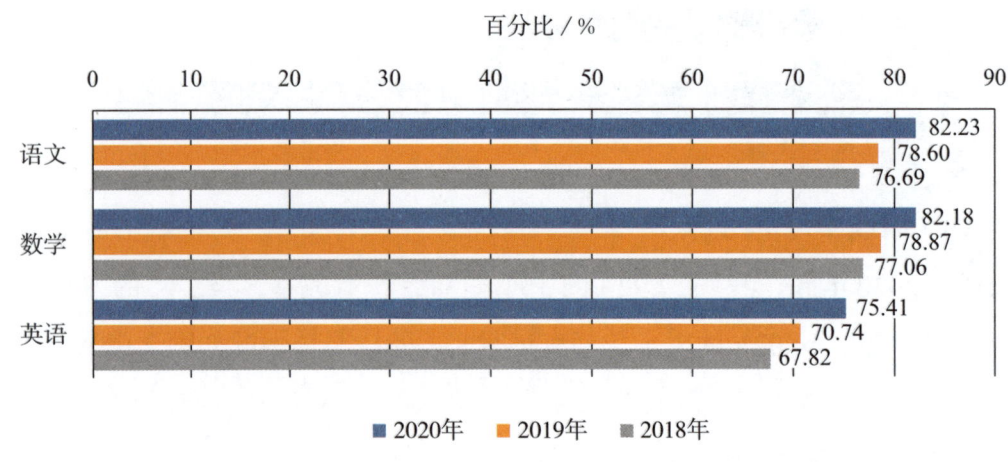

图2-7 主干学科拥有与纸质教材完整配套数字教育资源的学校比例

（二）校本资源

截至2020年底，在我国中小学校本资源库建设模式中，采用购买服务这种模式的学校最多，占比为32.72%。具体情况如图2-8所示。

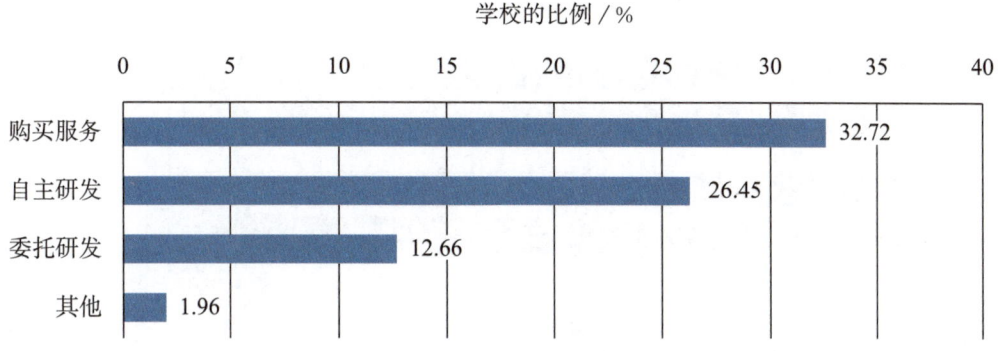

图2-8　中小学校本资源库建设模式

（三）网络学习空间

截至2020年底，我国中小学开通网络学习空间的教师比例为68.43%，开通网络学习空间的学生比例为52.57%。中小学不同学段开通网络学习空间的师生比例如图2-9、图2-10所示。

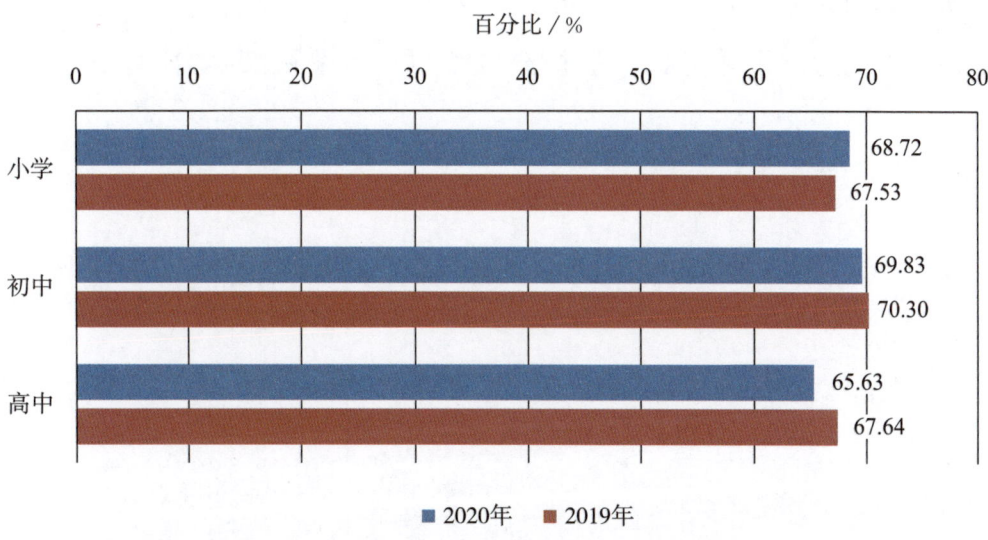

图2-9　中小学不同学段开通网络学习空间的教师比例

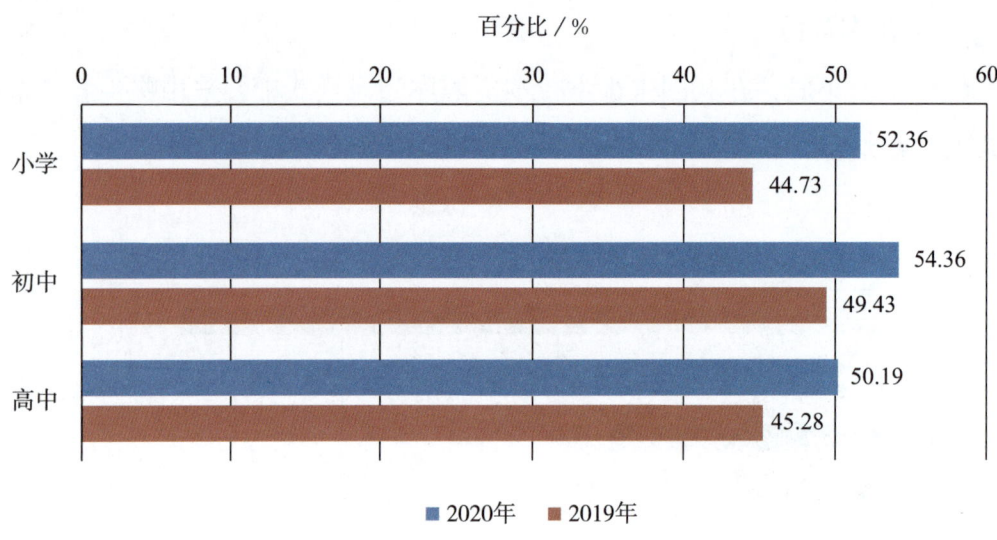

图2-10　中小学不同学段开通网络学习空间的学生比例

三、教学应用

（一）数字资源应用

截至2020年底，在各教学环节中使用不同类型数字教育资源的中小学教师比例如图2-11所示。可以看到，PPT（一种演示文稿软件）课件在教师备课、课堂教学中的应用相对较多，超过85%的教师在备课和课堂教学环节应用PPT课件。

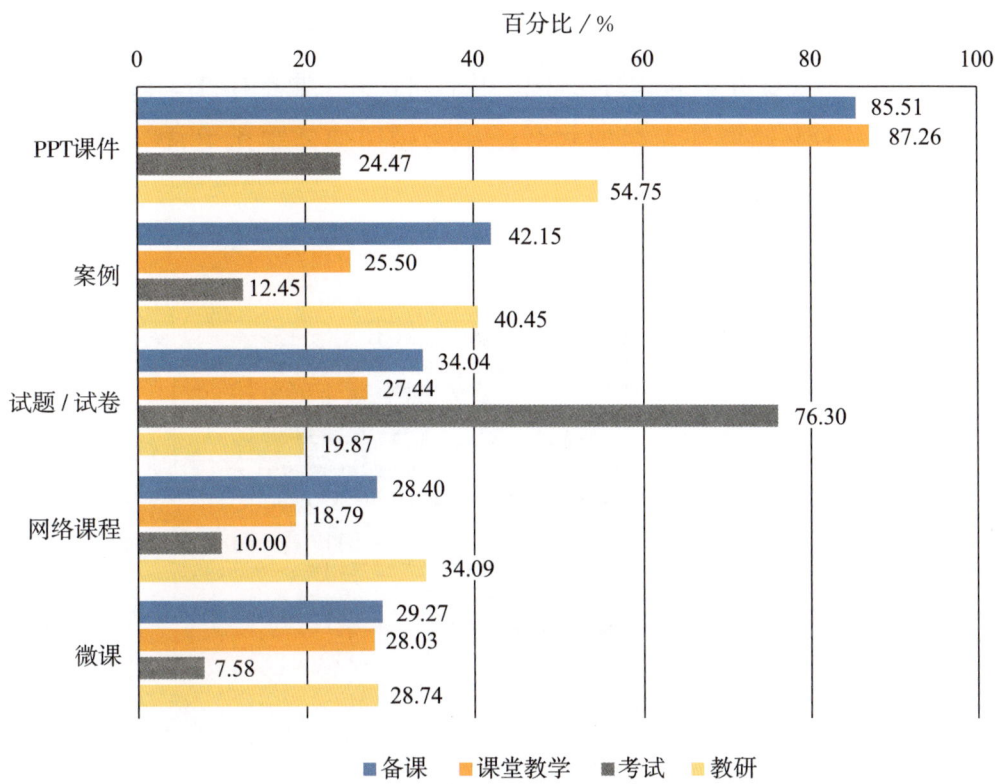

图 2-11　各教学环节中使用不同数字教育资源的教师比例

（二）信息技术应用

截至 2020 年底，我国中小学主干学科课堂教学实现信息技术常态化应用的学校超过 85%。具体情况如图 2-12 所示。

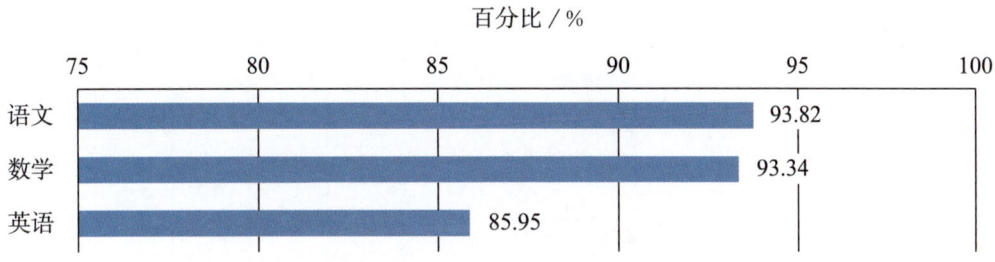

图 2-12　主干学科课堂教学实现信息技术常态化应用的学校比例

（三）软件工具应用

截至2020年底，在各教学环节中使用不同软件工具的中小学教师比例如图2-13所示。68.15%的教师在备课环节使用多媒体课件制作工具，38.02%的教师在教研环节使用网络教研平台。

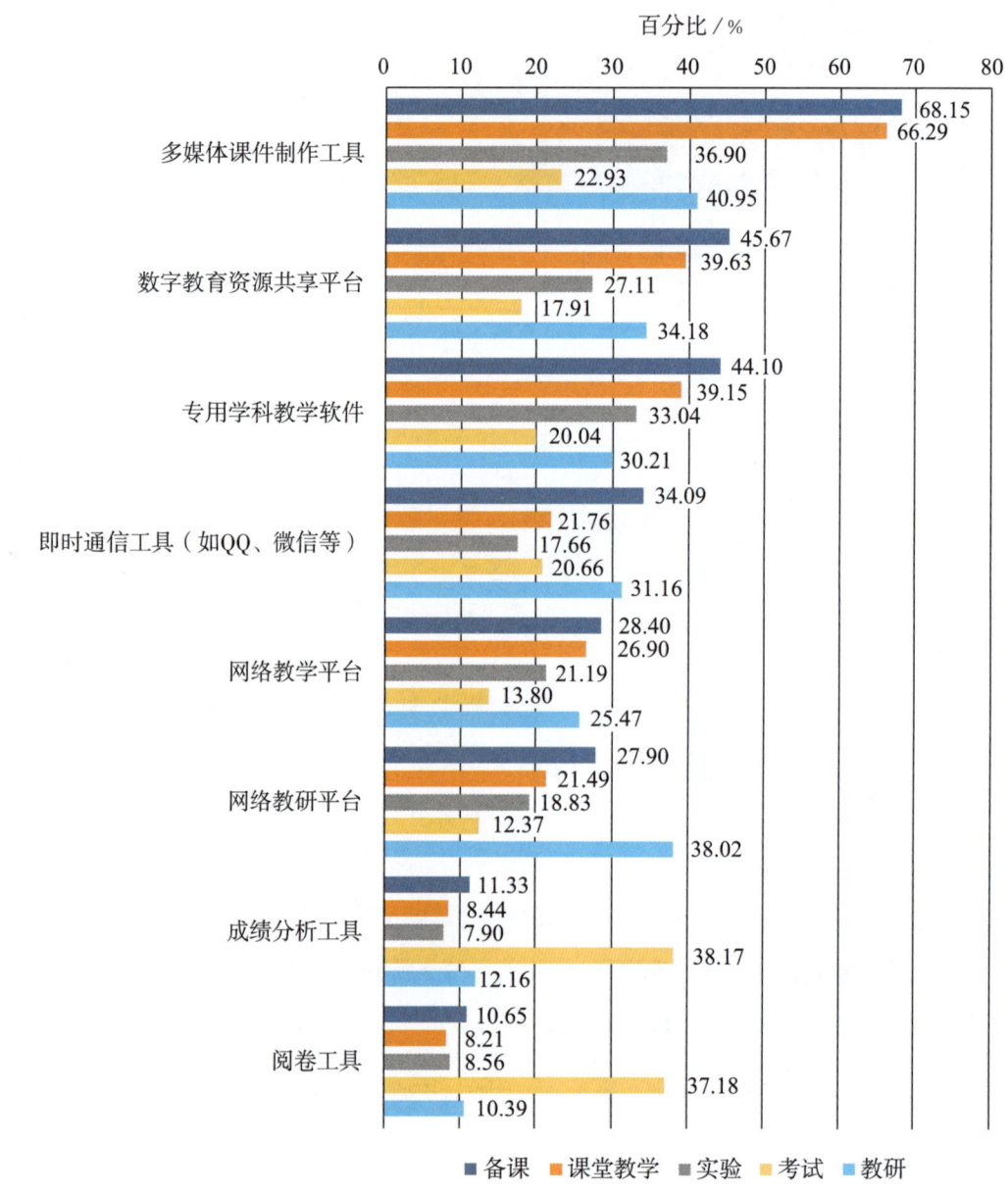

图2-13 各教学环节中使用不同软件工具的教师比例

（四）网络学习空间应用

截至2020年底，使用省级网络学习空间支持平台的中小学最多，占比超过61%。具体情况如图2-14所示。

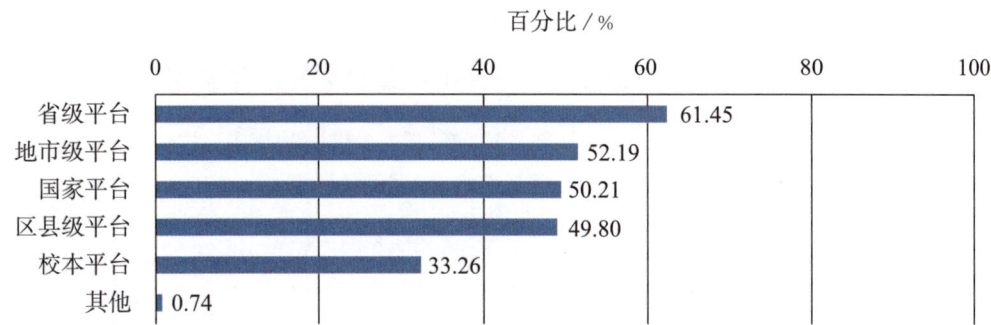

图2-14　使用各级网络学习空间支持平台的学校比例

截至2020年底，在网络学习空间应用中，应用学籍管理功能的中小学最多，占比约为70%，其次为应用数字资源共享功能的中小学，占比约为61%。具体情况如图2-15所示。

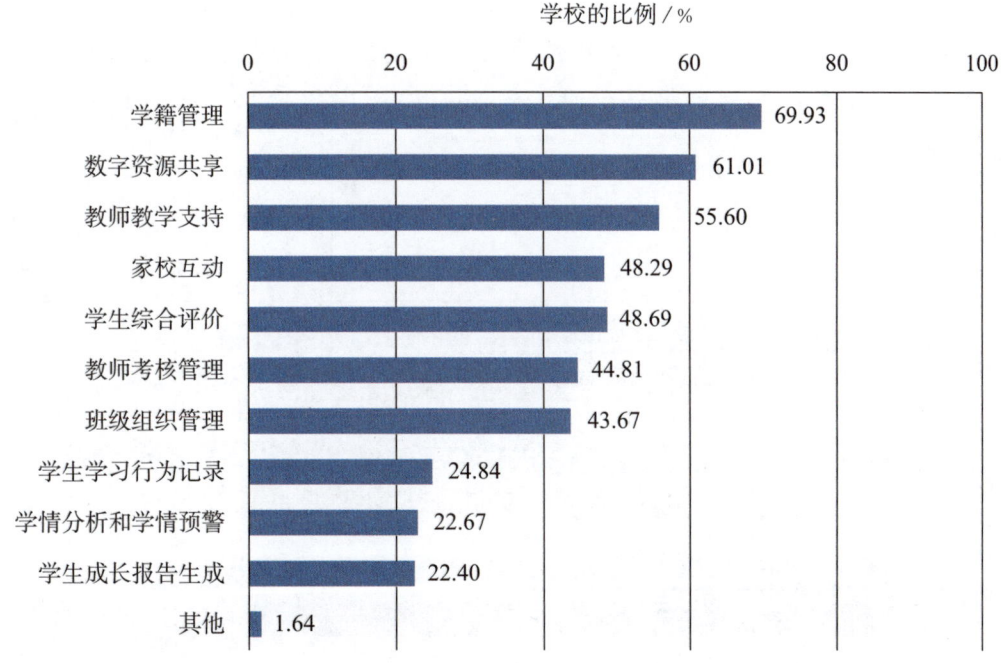

图2-15　学校网络学习空间应用功能

截至2020年底，通过网络学习空间开展各种教研活动的中小学教师中，进行教学案例研讨的中小学教师最多，占比约为68%。具体情况如图2-16所示。

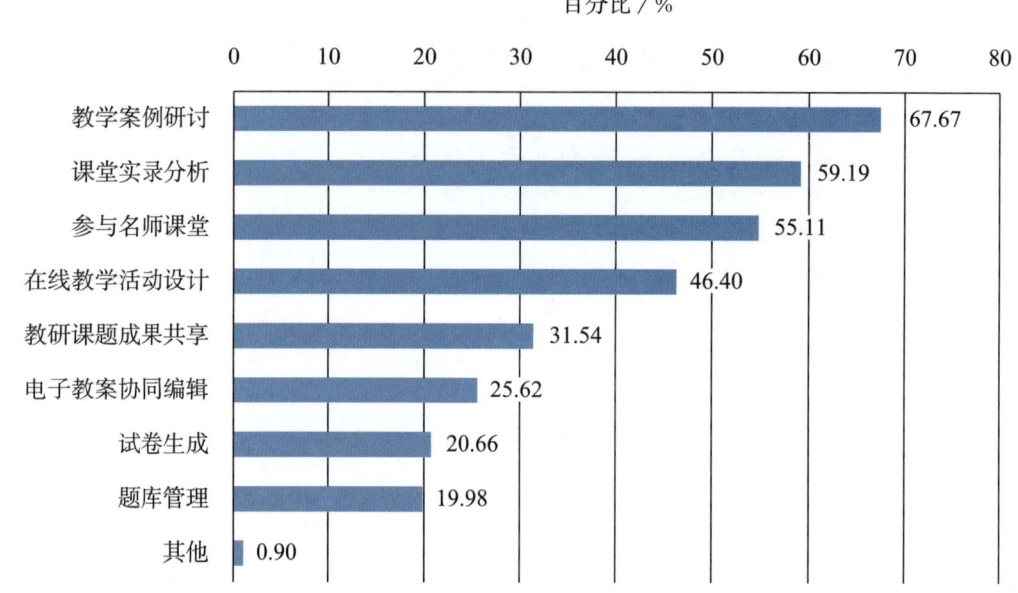

图2-16 通过网络学习空间开展各种教研活动的教师比例

网络学习空间在教师的教学和教研活动中得到较多应用。截至2020年底，应用网络学习空间进行教学的教师占52.08%，应用网络学习空间进行教研的教师占54.16%。具体情况如图2-17、图2-18所示。

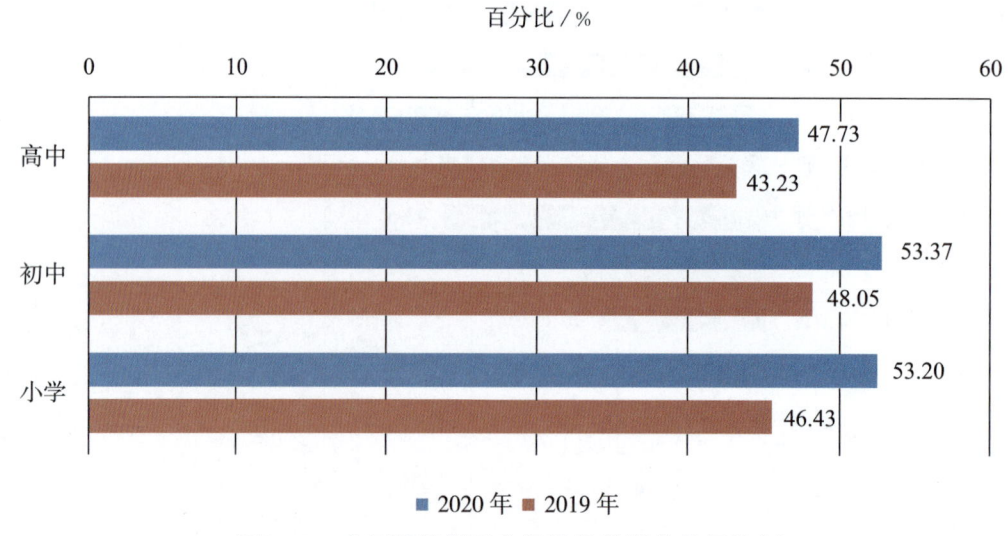

图2-17 应用网络学习空间进行教学的教师比例

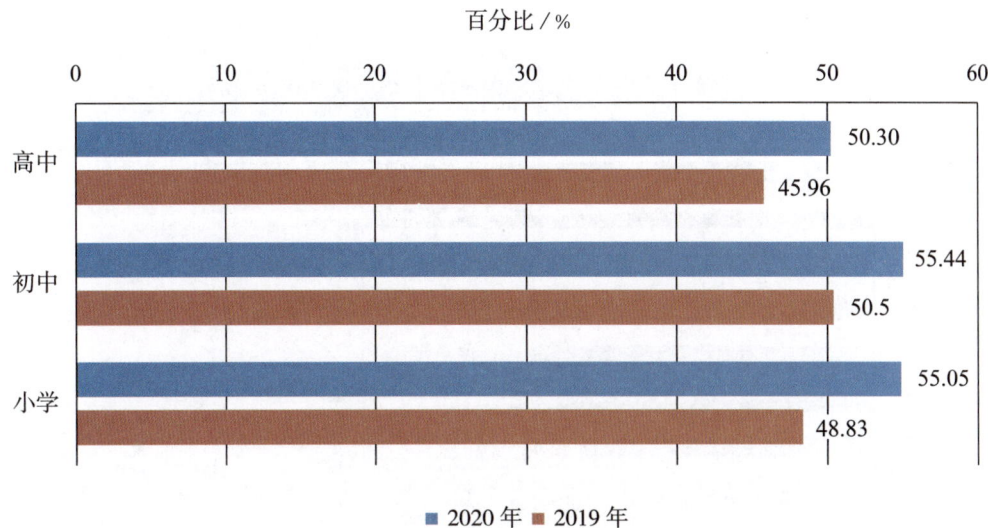

图2-18　应用网络学习空间进行教研的教师比例

四、管理信息化

（一）信息化管理系统

截至2020年底，我国超过96%的中小学实现学生学籍信息的数字化管理，超过77%的中小学实现教师档案的数字化管理。具体情况如图2-19所示。

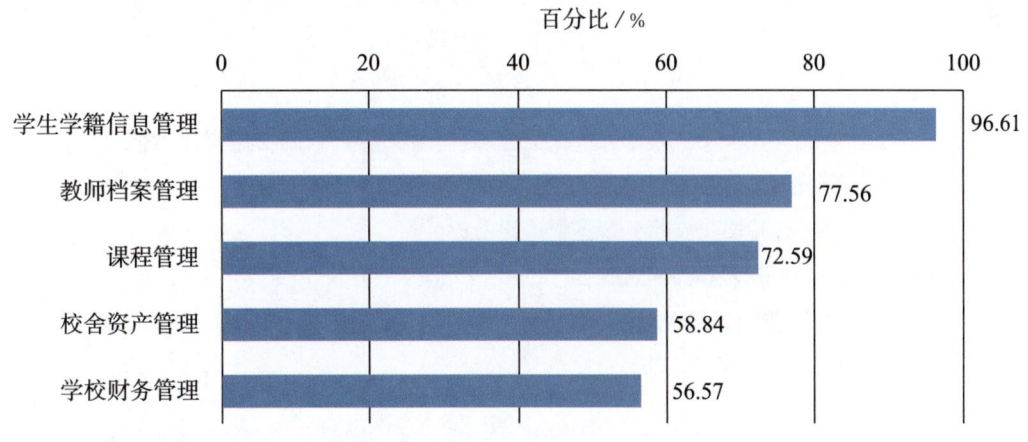

图2-19　实现数字化管理的学校比例

（二）校园一卡通

截至2020年底，校园一卡通实现学生证功能的中小学最多，占比超过

20%。具体情况如图2-20所示。

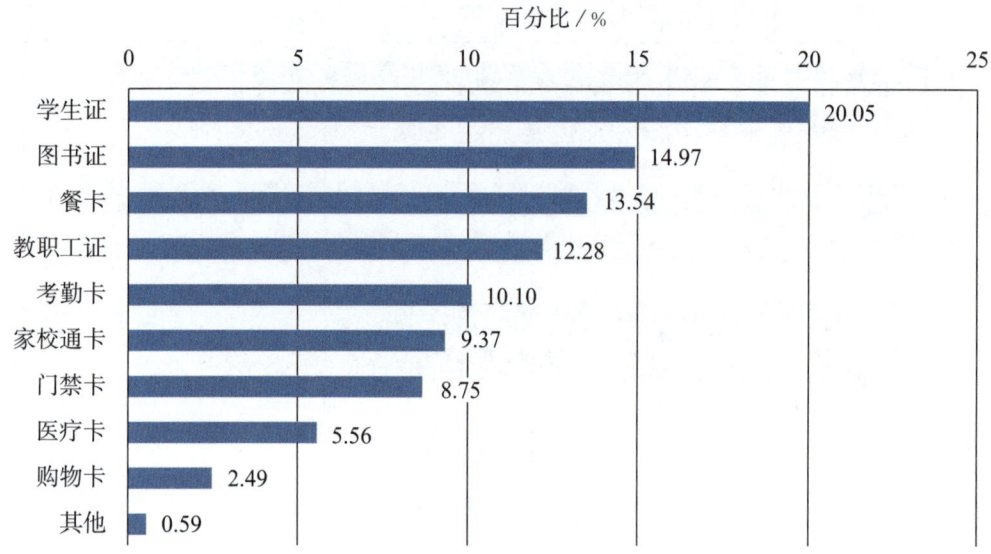

图2-20 校园一卡通已实现各种功能的学校比例

（三）家校互动

截至2020年底，我国98.03%的中小学应用不同信息技术手段进行家校互动。其中，采用微信方式的学校最多，占比超过90%。具体情况如图2-21所示。

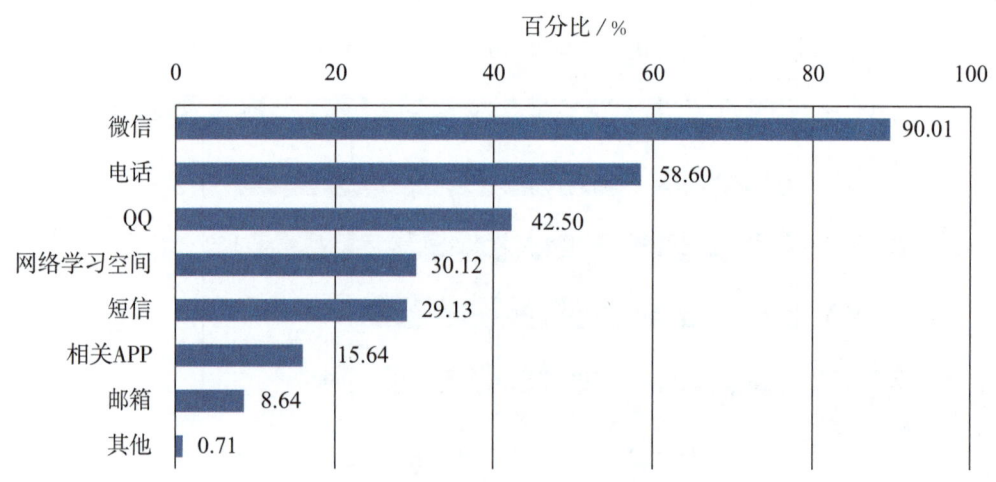

图2-21 采用不同家校互动方式的学校比例

（四）网络安全

截至2020年底，我国超过97%的中小学建有安全监控系统。其中，安全监控系统覆盖校门的学校最多，占比超过91%。具体情况如图2-22所示。

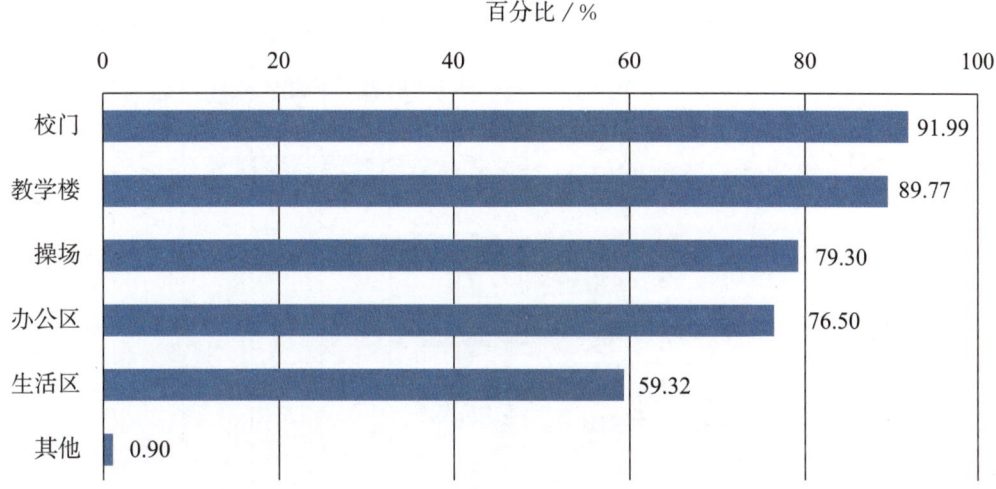

图2-22　安全监控系统覆盖不同范围的学校比例

五、保障机制

截至2020年底，我国86.64%的中小学采取各种措施促进信息技术在教育教学中的常态化应用。其中，建立教师信息技术应用能力标准的学校最多，占比超过61%。具体情况如图2-23所示。

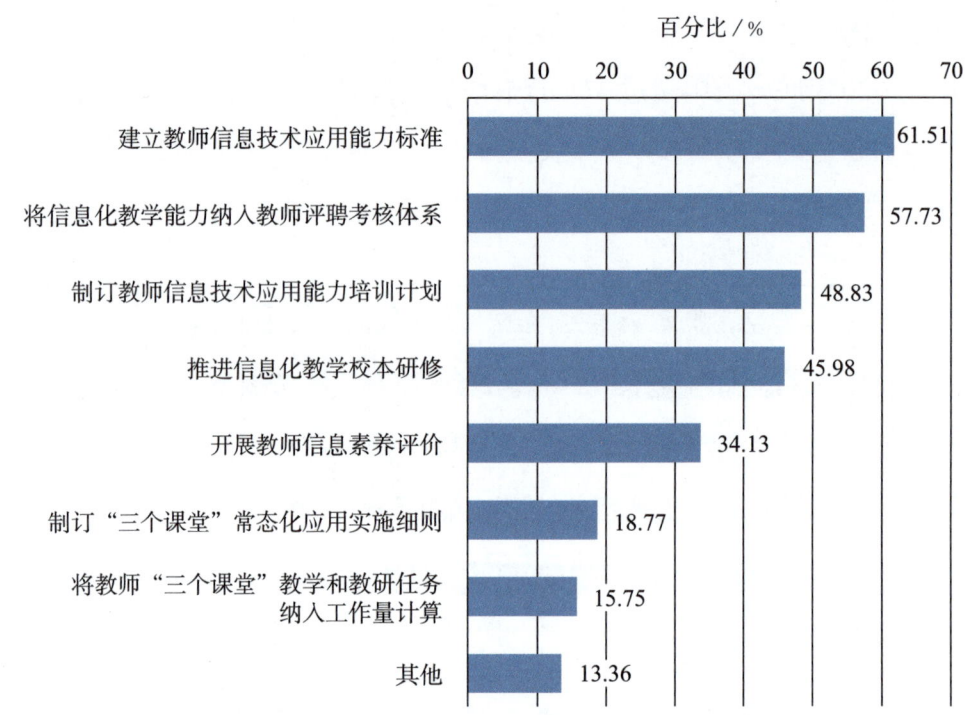

图 2-23 采取不同措施促进信息技术在教育教学中常态化应用的学校比例

截至 2020 年底,校领导参加区县级信息化相关培训的中小学最多,占比超过 62%。具体情况如图 2-24 所示。

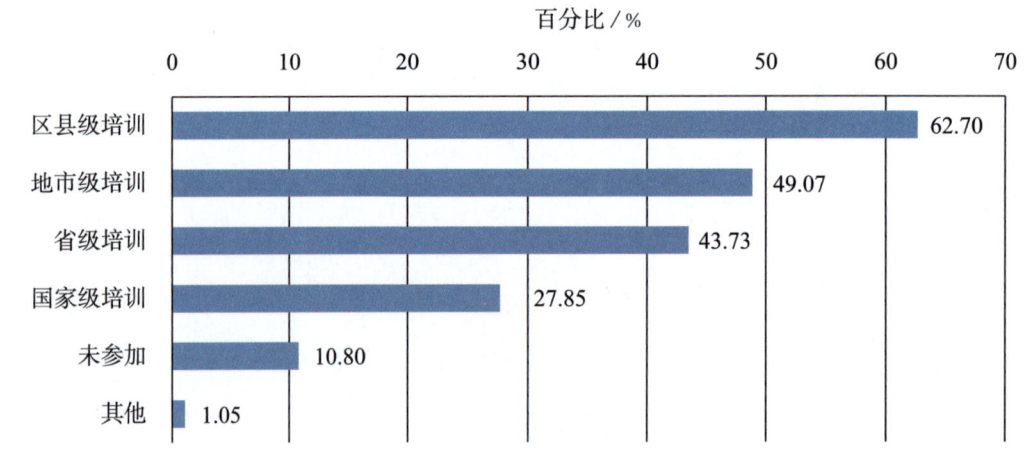

图 2-24 校领导参加各级信息化相关培训的学校比例

截至 2020 年底,我国中小学教师最近一年参加教育信息化专项培训的平均次数如图 2-25 所示。

第二章 基础教育信息化发展状况

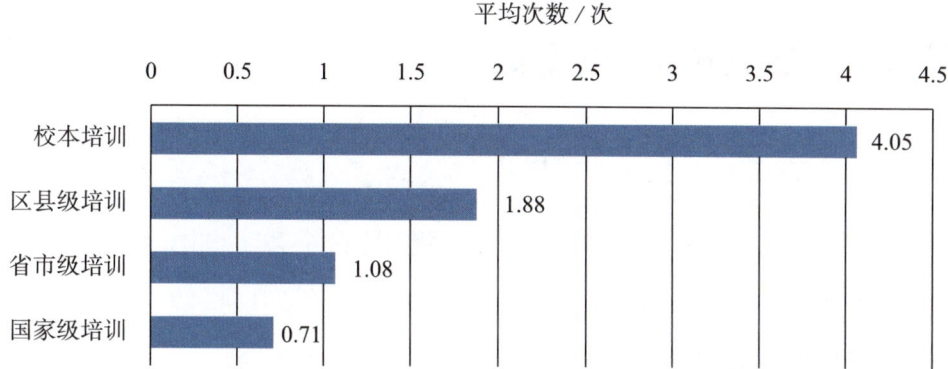

图 2-25　中小学教师最近一年参加教育信息化专项培训的平均次数

截至 2020 年底,比较受我国中小学教师欢迎的教育信息化培训内容依次为课件制作技术、信息化教学设计和网上资源下载与应用技能等。具体情况如图 2-26 所示。

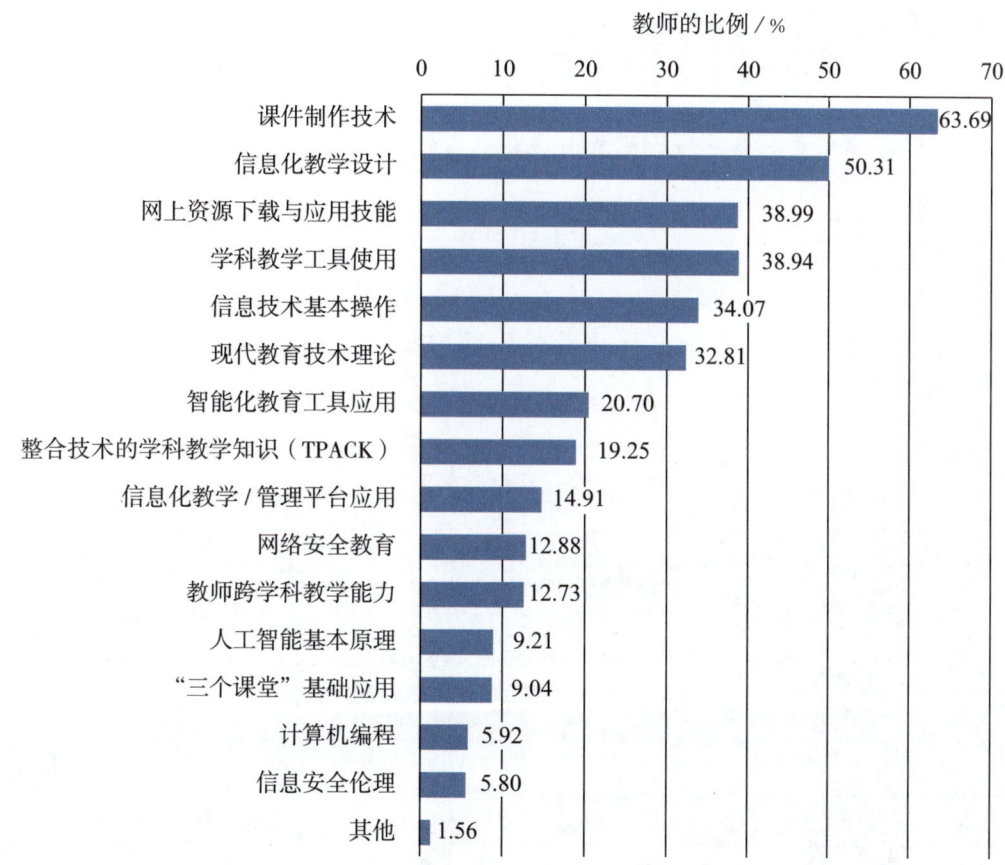

图 2-26　受教师欢迎的教育信息化培训内容

第二节 省域发展状况综述

一、省域基础教育信息化发展指数

基于评估指标体系和指数测算方法计算我国31个省（自治区、直辖市）和新疆生产建设兵团（简称新疆兵团）基础教育信息化发展指数及各维度发展指数。2020年，省域基础教育信息化发展指数如图2-27所示。

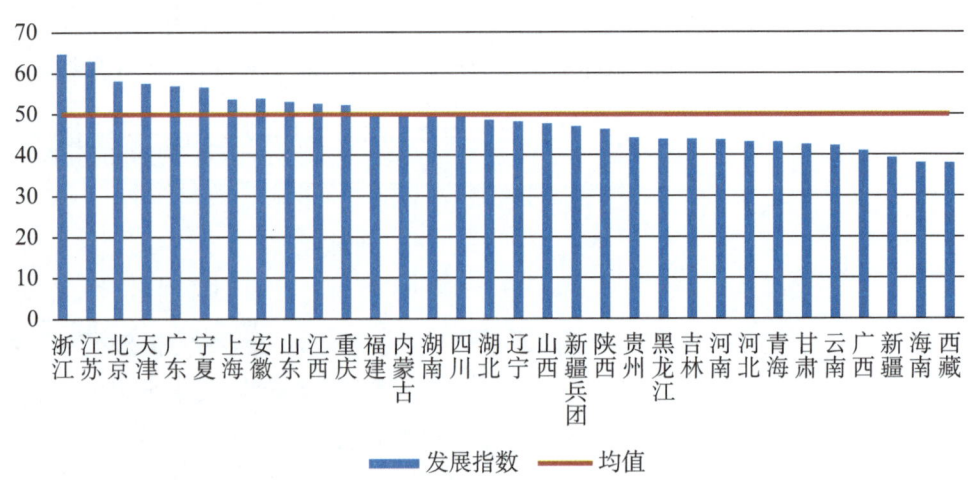

图2-27 省域基础教育信息化发展指数

2020年，省域基础教育信息化发展指数聚类结果见表2-1。

表2-1 省域基础教育信息化发展指数聚类结果

地区	综合指数	排序	教育资源	排序	教学应用	排序	基础设施	排序	管理信息化	排序	保障机制	排序
浙江	64.48	1	65.78	4	57.01	5	69.57	3	58.70	2	66.54	1
江苏	62.75	2	68.78	2	60.20	2	68.47	4	58.68	3	58.25	2
北京	57.80	3	54.20	11	50.28	14	72.59	2	44.53	25	55.96	4
天津	57.11	4	70.03	1	62.67	1	64.27	5	46.75	21	45.99	26
广东	56.64	5	59.26	7	54.30	7	57.95	6	54.29	6	57.25	3
宁夏	56.29	6	68.48	3	58.23	4	51.64	11	68.33	1	49.07	17
上海	53.46	7	31.80	28	40.87	30	76.83	1	47.05	20	51.61	11

第二章 基础教育信息化发展状况

续表

地区	综合指数	排序	教育资源	排序	教学应用	排序	基础设施	排序	管理信息化	排序	保障机制	排序
安徽	53.41	8	62.98	6	59.35	3	53.35	10	49.58	10	47.88	19
山东	52.77	9	53.29	12	53.32	10	55.98	9	47.46	19	52.17	9
江西	52.42	10	64.50	5	54.98	6	56.07	8	48.70	14	43.81	28
重庆	51.91	11	41.85	24	45.86	23	57.24	7	55.95	4	53.86	6
福建	50.32	12	56.27	10	53.94	8	43.50	18	52.77	7	51.75	10
内蒙古	50.16	13	58.06	8	50.01	15	50.57	12	41.40	29	50.67	15
湖南	49.54	14	52.44	13	51.49	13	49.88	13	50.93	8	46.74	22
四川	49.11	15	46.11	19	47.72	20	47.50	14	55.03	5	50.95	14
湖北	48.09	16	47.40	17	49.12	17	43.52	17	49.42	12	52.47	7
辽宁	47.83	17	56.46	9	51.61	12	42.42	20	39.58	30	51.31	13
山西	47.21	18	47.11	18	49.01	18	44.88	15	45.40	22	50.09	16
新疆兵团	47.04	19	51.28	15	53.61	9	42.18	21	44.98	24	47.70	20
陕西	46.13	20	41.88	23	48.57	19	44.21	16	47.76	17	48.67	18
贵州	43.94	21	37.81	26	49.34	16	34.56	30	49.54	11	51.36	12
黑龙江	43.83	22	42.63	21	41.94	27	37.94	26	36.58	32	55.32	5
吉林	43.55	23	50.68	16	46.70	21	32.53	32	38.57	31	52.18	8
河南	43.52	24	42.66	20	46.17	22	39.11	25	50.03	9	44.50	27
河北	42.89	25	42.06	22	44.01	24	39.53	24	44.19	26	46.03	25
青海	42.86	26	35.65	27	43.33	25	43.05	19	42.88	28	46.58	23
甘肃	42.50	27	52.03	14	53.21	11	36.70	28	43.50	27	37.66	32
云南	42.13	28	29.79	30	40.99	29	42.16	22	49.22	13	46.20	24
广西	41.12	29	30.03	29	41.47	28	37.57	27	47.84	16	47.46	21
新疆	39.26	30	38.94	25	42.29	26	32.93	31	47.76	18	40.68	31
海南	37.95	31	26.01	31	38.71	31	35.53	29	45.15	23	43.06	29
西藏	37.95	32	25.10	32	31.07	32	41.02	23	48.28	15	40.91	30

第一类　第二类　第三类　第四类

二、省域基础教育信息化各维度发展指数

2020年，省域基础教育信息各维度发展指数如图2-28至图2-32所示。

（一）基础设施

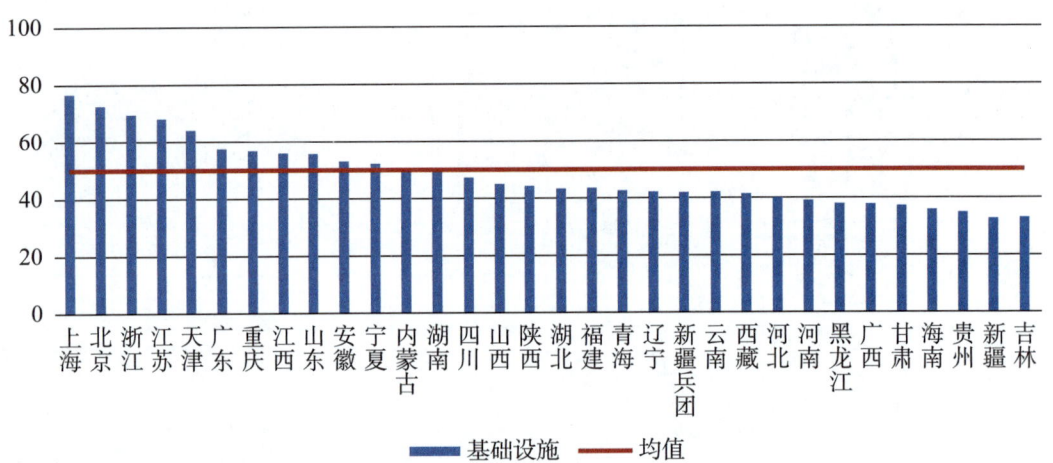

图 2-28 基础设施维度省域发展指数

（二）教育资源

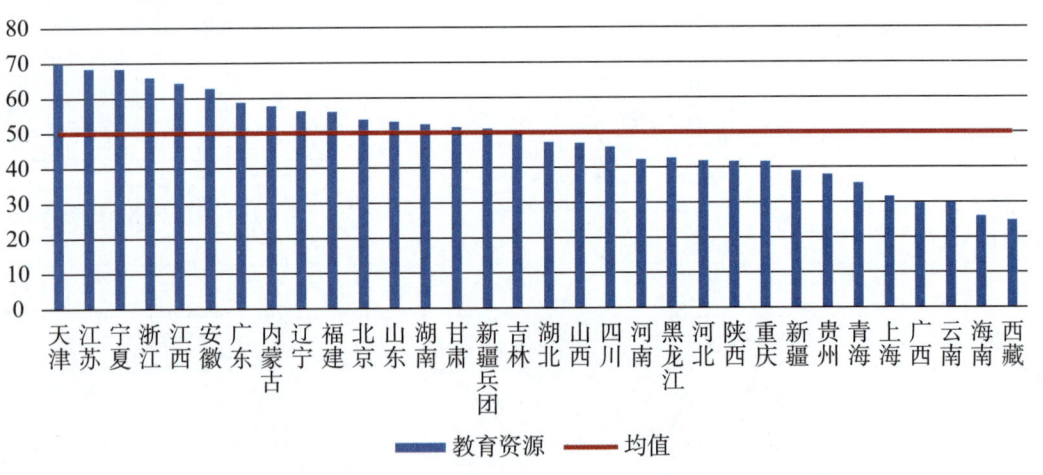

图 2-29 教育资源维度省域发展指数

（三）教学应用

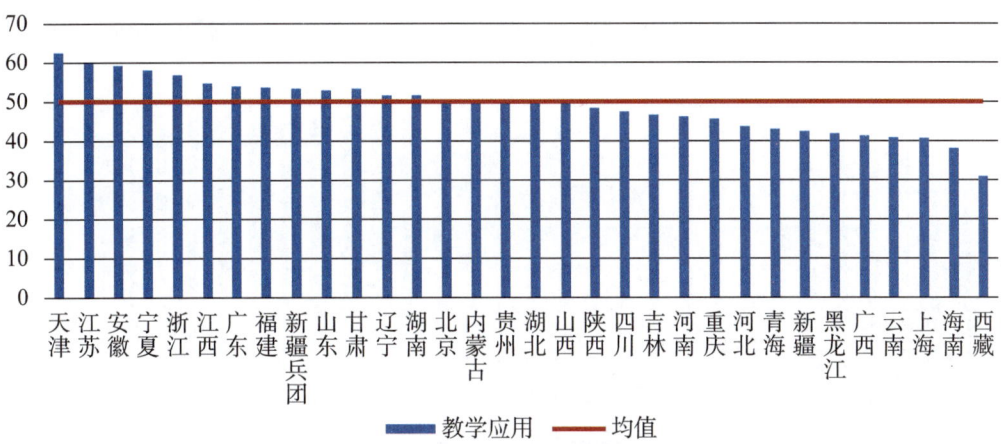

图2-30　教学应用维度省域发展指数

（四）管理信息化

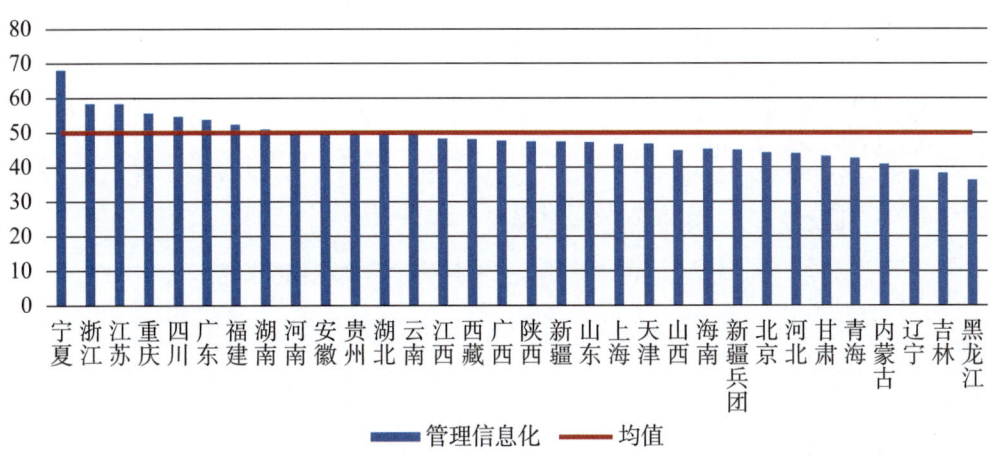

图2-31　管理信息化维度省域发展指数

（五）保障机制

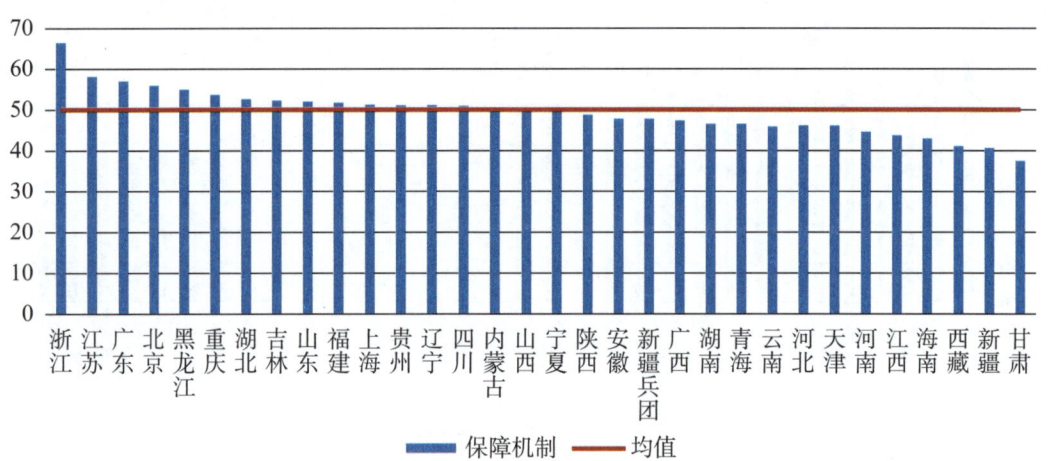

图 2-32　保障机制维度省域发展指数

三、省域基础教育信息化典型指标

截至2020年底，北京、江苏、江西、浙江、上海、安徽超过85%的学校建有无线网络，安徽每百名学生拥有学习用终端数超过20台，上海每名教师拥有教学用终端数最多。具体情况见表2-2。

表 2-2　省域基础教育信息化发展典型指标排序

地区	建有无线网络的学校		每百名学生拥有学习用终端		每名教师拥有教学用终端	
	占比/%	排序	终端数/台	排序	终端数/台	排序
北京	89.15	1	15.73	2	1.65	2
天津	83.36	7	9.23	17	1.03	11
河北	58.87	15	8.18	21	0.91	15
山西	57.56	16	9.51	16	0.92	13
内蒙古	61.18	12	10.70	12	0.81	20
辽宁	44.70	23	11.50	9	0.91	14
吉林	36.83	26	6.92	29	0.59	31
黑龙江	32.81	28	7.88	22	0.63	29

续表

地区	建有无线网络的学校		每百名学生拥有学习用终端		每名教师拥有教学用终端	
	占比/%	排序	终端数/台	排序	终端数/台	排序
上海	86.68	5	13.16	7	1.99	1
江苏	89.15	2	13.62	6	1.14	7
浙江	87.48	4	14.38	5	1.23	3
安徽	86.55	6	22.93	1	1.21	5
福建	45.41	22	8.39	20	0.90	17
江西	87.55	3	6.55	30	0.76	24
山东	69.43	9	10.76	11	1.09	9
河南	50.69	18	5.97	32	0.76	23
湖北	49.84	19	7.02	28	0.77	22
湖南	68.20	10	6.32	31	0.62	30
广东	64.81	11	15.03	4	1.22	4
广西	61.11	13	7.40	25	0.90	16
海南	35.73	27	8.53	18	0.80	21
重庆	60.49	14	7.78	23	0.88	18
四川	47.29	20	9.52	15	0.66	28
贵州	26.50	31	7.07	27	0.68	27
云南	23.88	32	8.41	19	0.56	32
西藏	31.89	30	7.75	24	0.86	19
陕西	51.70	17	9.72	14	1.04	10
甘肃	43.34	24	11.37	10	0.72	26
青海	45.78	21	11.60	8	0.94	12
宁夏	75.72	8	15.57	3	1.16	6
新疆	32.78	29	7.27	26	0.72	25
新疆兵团	41.18	25	10.20	13	1.12	8

第三章
职业教育信息化发展状况

第三章 职业教育信息化发展状况

第一节 全国发展状况综述

一、基础设施

截至2020年底，我国超过35%的职业院校实现了无线网络校内全覆盖，超过50%的职业院校实现了无线网络对办公区的全覆盖。具体情况如图3-1所示。

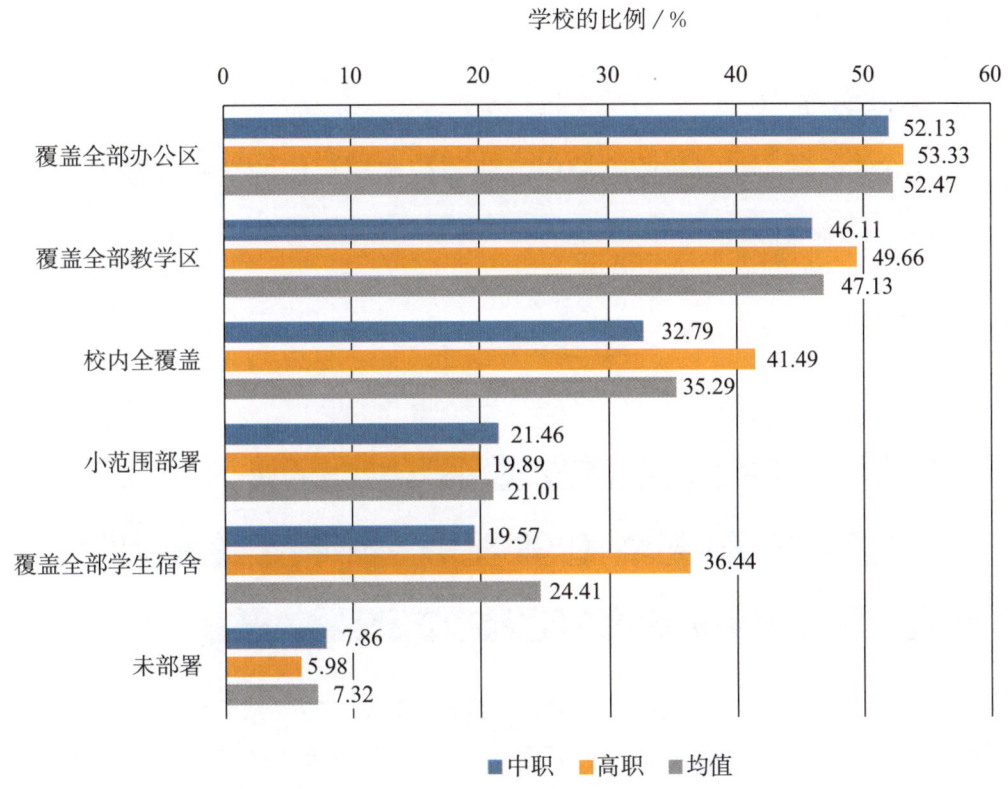

图3-1 无线网络覆盖学校不同区域的情况

截至2020年底，我国职业院校以院校机房为教学、教研、管理类系统主要部署方式的比例最高，超过64%。具体情况如图3-2所示。

33

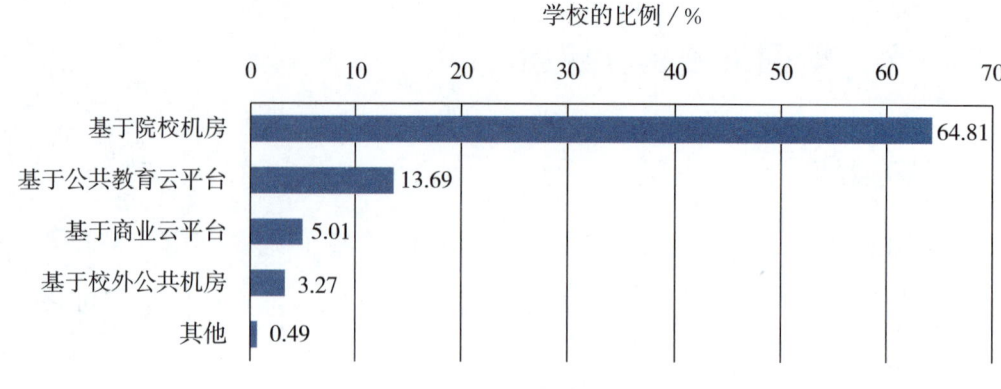

图 3-2 教学、教研、管理类系统的主要部署方式

二、教育资源

截至2020年底,我国职业院校中,建有校本资源库的学校比例为73.15%。其中,高职院校建有校本资源库的比例高于中职学校。具体情况如图3-3所示。

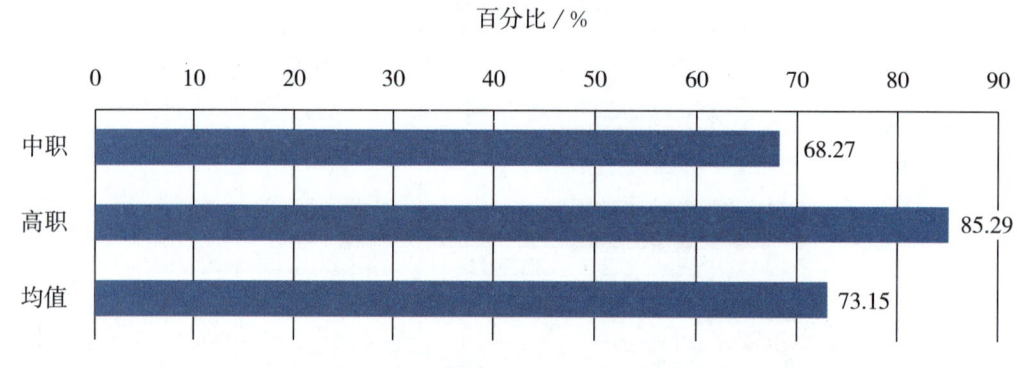

图 3-3 建有校本资源库的学校比例

我国职业院校通过多种途径获取数字资源。截至2020年底,超过61%的职业院校数字资源的主要来源是在线开放、公开的数字资源。具体情况如图3-4所示。

第三章 职业教育信息化发展状况

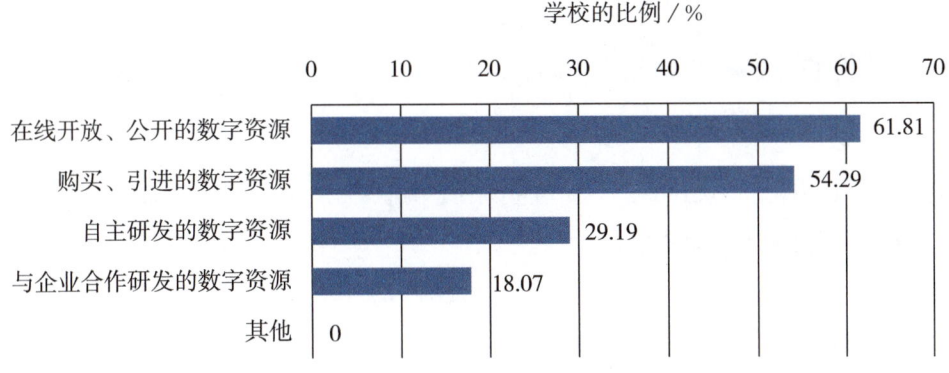

图 3-4 数字资源的主要来源

截至 2020 年底,我国可获得各类在线开放资源的职业院校超过 98%。其中,高职院校获得各类在线开放资源的比例高于中职学校。具体情况如图 3-5 所示。

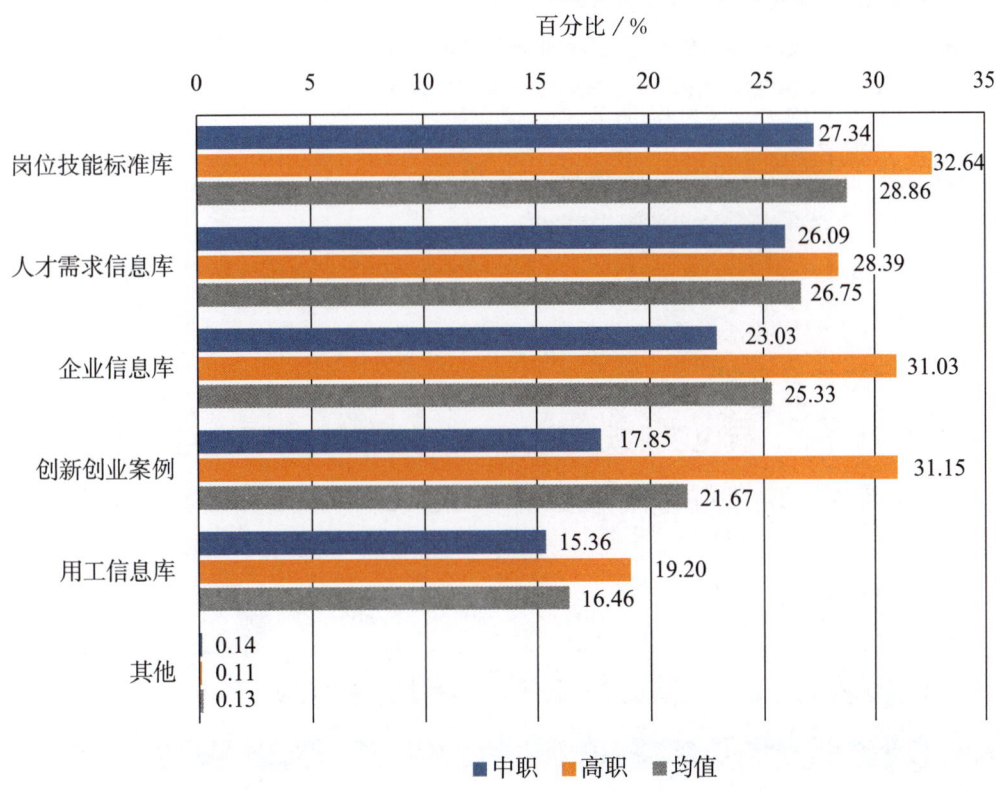

图 3-5 获得各类在线开放资源的学校比例

三、教学应用

（一）信息化教学系统

截至2020年底，我国约73%的职业院校利用信息化教学系统进行网络教学。具体情况如图3-6所示。

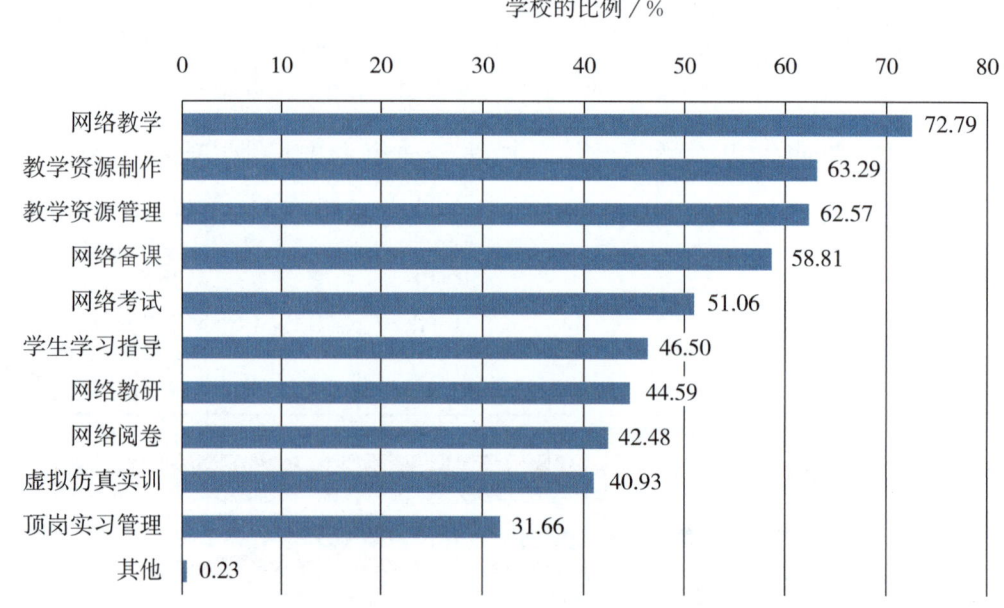

图3-6　信息化教学系统常用功能

（二）网络学习空间

截至2020年底，我国职业院校中，开通网络学习空间的中职学校教师超过58%，开通网络学习空间的高职院校教师超过68%。具体情况如图3-7所示。

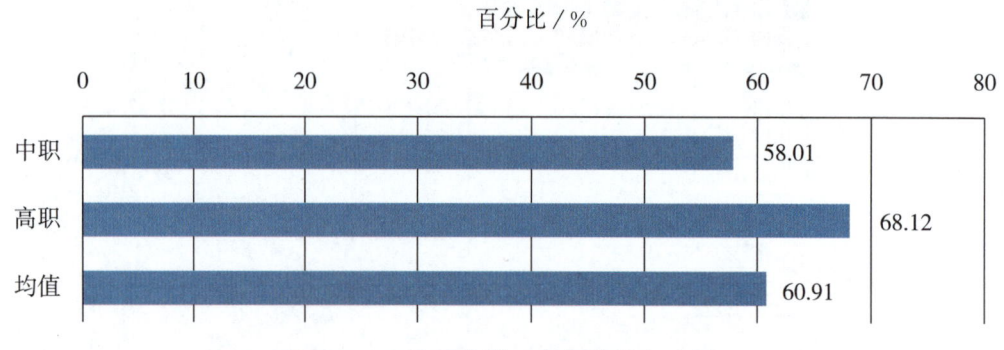

图3-7　开通网络学习空间的教师比例

截至2020年底，我国职业院校开通网络学习空间的学生占57.52%，相较于2019年有所上升。具体情况如图3-8所示。

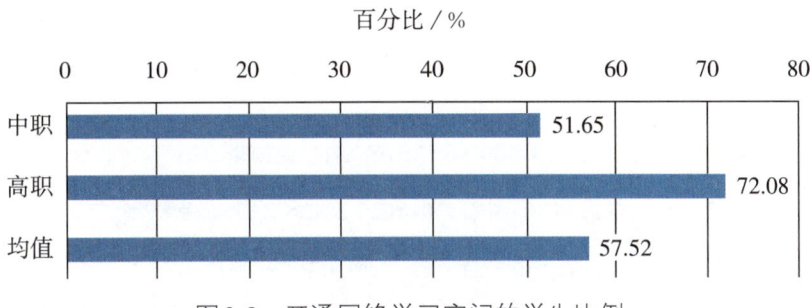

图3-8　开通网络学习空间的学生比例

（三）虚拟仿真技术

截至2020年底，我国职业院校利用网络在线技术支持学生开展校外实习的课程占18.30%，利用信息技术开展校企合作的课程占16.02%。具体情况如图3-9所示。

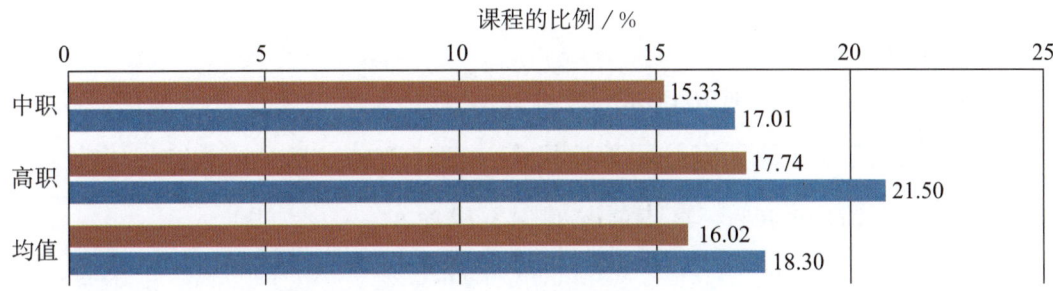

图3-9　最近一年学校实验实训课程开设情况

截至2020年底，我国职业院校应用虚拟仿真实训系统的专业为24.76%。其中，中职为23.90%，高职为26.92%。具体情况如图3-10所示。

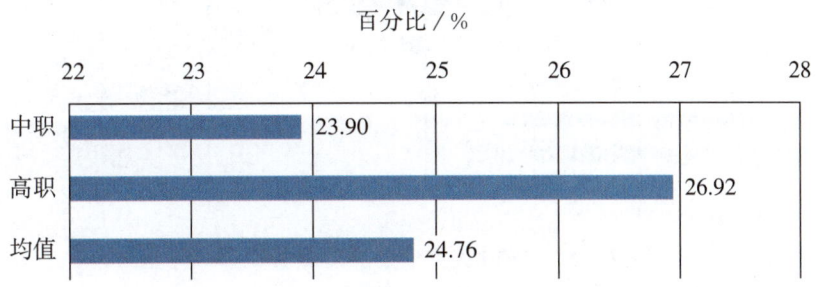

图3-10　学校应用虚拟仿真实训系统的专业占全部专业的比例

截至2020年底，我国超过60%的职业院校将虚拟仿真技术应用于虚拟仿真实验教学，超过52%的职业院校将虚拟仿真技术应用于教师教学技能训练。具体情况如图3-11所示。

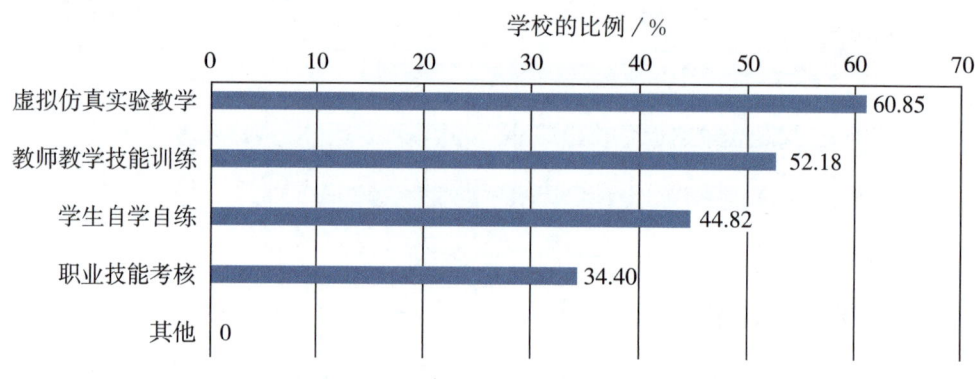

图3-11　虚拟仿真技术主要应用范畴

四、管理信息化

（一）信息化应用系统

截至2020年底，我国76.06%的职业院校能够提供各类校企共享信息服务。其中，能够提供校企共训服务的学校最多，超过48%，其次是能够提供实习管理服务的学校，超过46%。具体情况如图3-12所示。

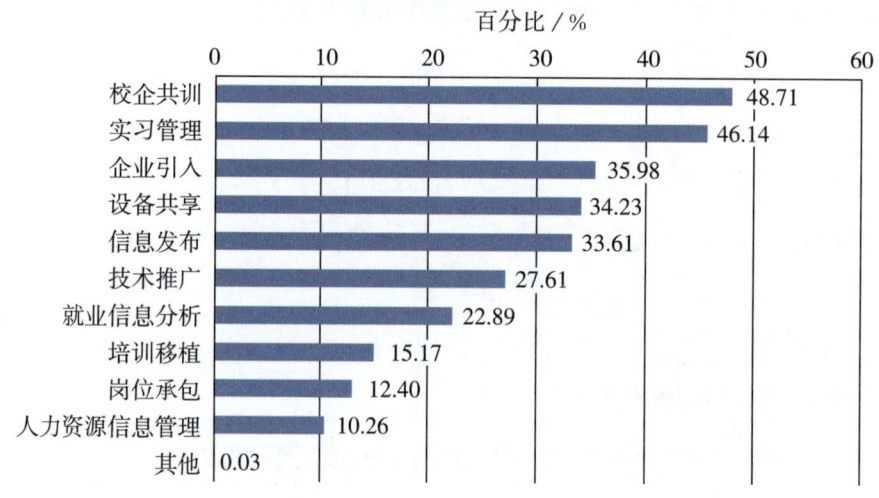

图3-12　能够提供各类校企共享服务的学校比例

（二）安全监控系统

截至2020年底，我国98.22%的职业院校实现了安全监控系统覆盖校园重点区。其中，超过90%的学校实现了安全监控系统覆盖校门和教学区。具体情况如图3-13所示。

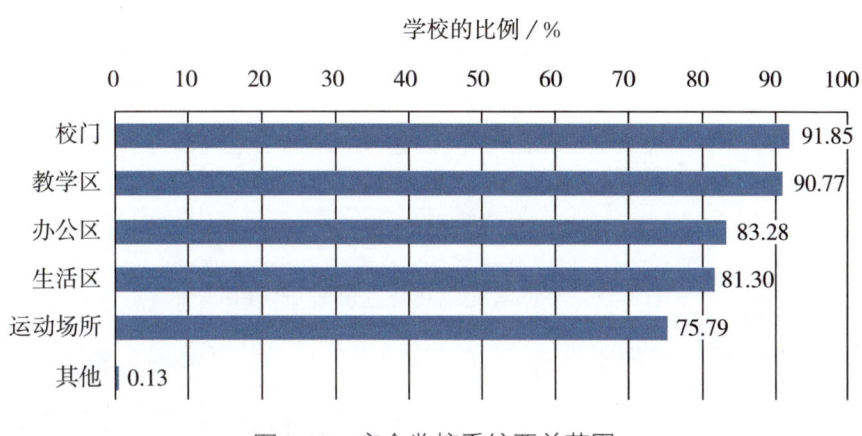

图3-13　安全监控系统覆盖范围

五、保障机制

（一）信息化经费投入

截至2020年底，我国职业院校中，中职学校最近一年校均信息化经费总投入占本校同期教育经费（不含人员经费）总支出的比例约为20%，高职院校的这一指标约为17%。具体情况如图3-14所示。

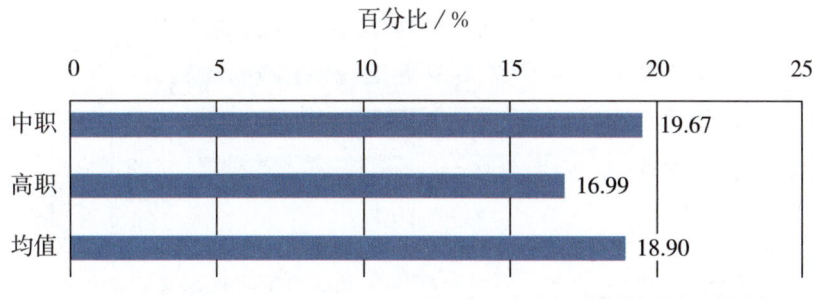

图3-14　最近一年校均信息化经费总投入占本校同期教育经费
（不含人员经费）总支出的比例

（二）信息化机制建设

截至2020年底，我国职业院校中，信息化主管领导为校级领导的学校约为

82%，信息化主管领导为院（系）级领导的职业院校约为6%。具体情况如图3-15所示。

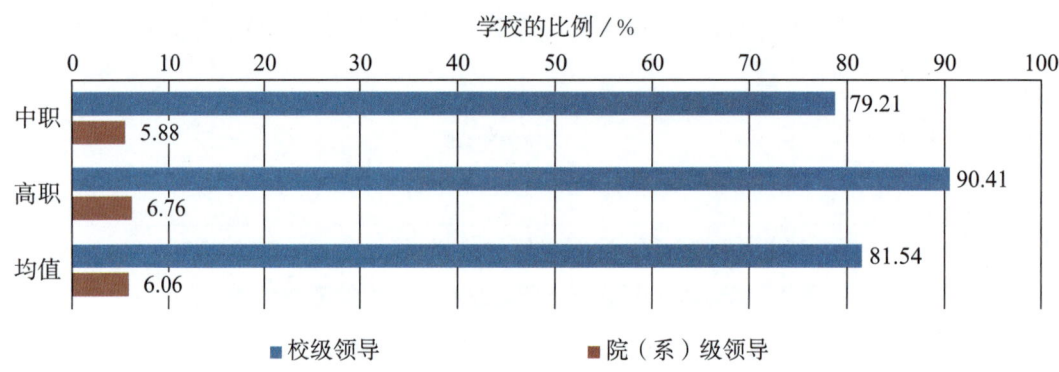

图3-15 不同学校信息化主管领导的情况

（三）信息化人员培训

截至2020年底，我国职业院校为促进信息技术在教育教学中常态化应用采取的措施如图3-16所示。超过58%的学校通过制订教师信息技术应用能力培训计划促进信息技术应用，超过43%的学校将信息化教学能力纳入教师评聘考核体系。

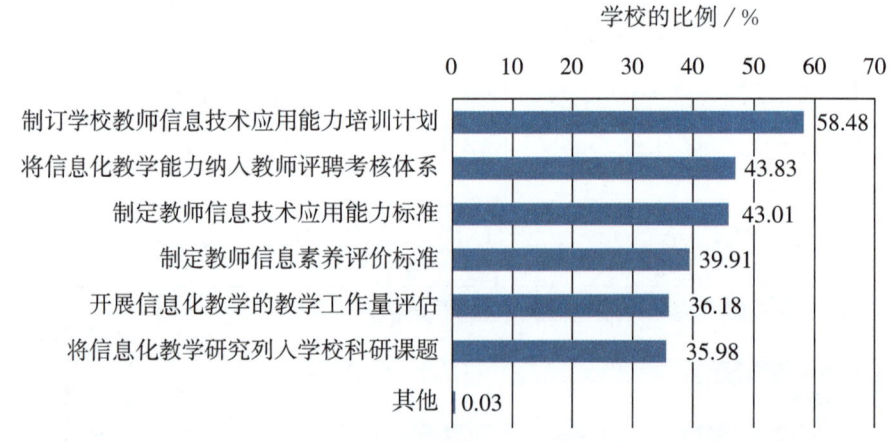

图3-16 为促进信息技术在教育教学中常态化应用所采取的措施

截至2020年底，我国职业院校教师最近一年教育信息化专项培训、校本培训的情况如图3-17所示。中职学校信息化专项培训、校本培训覆盖教师比例较高，分别为34.31%和69.54%。

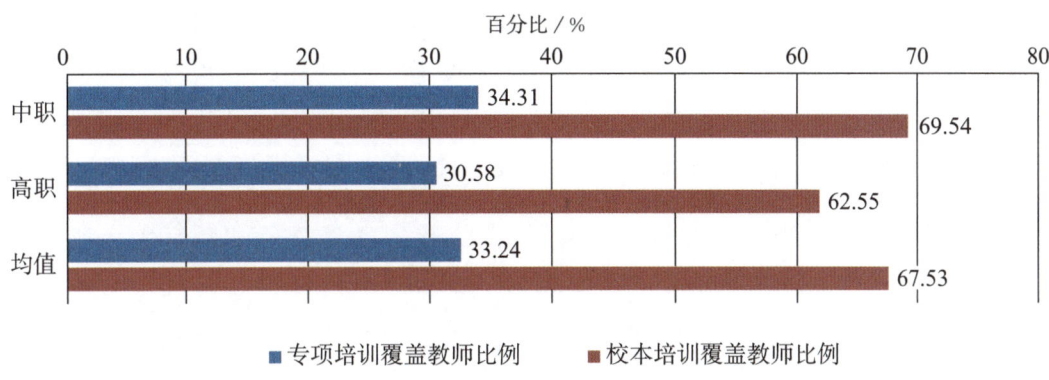

图3-17 最近一年教育信息化各项培训覆盖教师比例

第二节 省域典型指标

截至2020年底，我国31个省（自治区、直辖市）的职业院校中，教师开通网络学习空间的情况、多媒体教室占比、学校专设信息化职能部门的情况、学校提供企业数字教学资源的情况见表3-1。

表3-1 省域职业院校教育信息化发展典型指标

省份	开通网络学习空间的教师比例/%		多媒体教室占比/%		专设信息化职能部门的学校比例/%		提供企业数字教学资源的学校比例/%	
	中职	高职	中职	高职	中职	高职	中职	高职
北京	53.36	71.24	87.22	63.99	60.34	88.00	24.14	48.00
天津	38.33	65.85	94.25	62.68	63.16	87.50	21.05	37.50
河北	37.91	55.65	88.39	67.04	37.50	75.00	23.86	35.00
山西	44.76	35.13	93.71	60.19	38.10	63.83	19.12	29.79
内蒙古	67.28	33.66	93.85	67.34	53.51	76.47	14.04	35.29
辽宁	52.98	79.34	87.89	69.11	48.53	80.00	14.22	37.78
吉林	39.22	24.01	87.24	75.55	55.36	88.89	16.96	29.63
黑龙江	33.71	44.00	84.41	58.37	38.22	75.61	18.47	29.27
上海	30.61	27.50	93.77	60.16	69.01	85.00	43.66	40.00

续表

省份	开通网络学习空间的教师比例/%		多媒体教室占比/%		专设信息化职能部门的学校比例/%		提供企业数字教学资源的学校比例/%	
	中职	高职	中职	高职	中职	高职	中职	高职
江苏	94.80	59.11	97.97	68.34	78.52	88.37	61.07	61.63
浙江	77.68	74.23	95.66	74.11	60.58	87.76	45.67	61.22
安徽	90.11	59.92	96.78	69.32	38.55	71.83	31.93	47.89
福建	74.67	89.04	95.19	61.10	50.00	71.43	37.16	51.02
江西	79.15	69.37	90.22	66.21	48.17	82.46	28.05	40.35
山东	59.45	57.55	96.43	70.77	53.01	83.75	34.94	56.25
河南	45.59	53.55	89.17	60.99	46.20	75.56	27.85	42.22
湖北	48.89	44.54	89.45	63.12	58.93	76.27	29.17	49.15
湖南	71.55	90.76	97.39	75.43	42.46	86.30	36.87	47.95
广东	62.29	47.24	95.81	63.09	44.00	92.86	24.67	50.00
广西	29.73	45.07	87.74	61.60	42.56	85.00	22.05	50.00
海南	30.49	36.08	91.47	72.95	50.00	92.31	30.77	53.85
重庆	27.59	72.08	88.43	75.50	55.34	85.71	32.04	47.62
四川	34.43	36.11	83.75	69.92	45.59	83.33	28.82	43.59
贵州	28.45	28.57	85.88	60.89	39.73	91.43	22.60	42.86
云南	26.06	24.09	75.13	63.82	27.97	85.42	12.71	33.33
西藏	15.14	58.09	88.87	50.98	75.00	66.67	0.00	33.33
陕西	46.33	59.86	82.41	74.86	35.23	75.68	23.30	35.14
甘肃	71.44	41.43	87.31	71.18	41.30	85.71	21.01	50.00
青海	40.62	15.94	97.36	96.54	56.67	87.50	13.33	37.50
宁夏	92.70	50.27	93.14	73.30	50.00	58.33	38.46	50.00
新疆	22.86	15.67	86.66	80.57	40.00	83.87	8.00	12.90

第四章
高等教育信息化发展状况

第四章　高等教育信息化发展状况

第一节　全国发展状况综述

一、基础设施

（一）无线网络

截至2020年底，我国所有高校都配置了无线网络。其中，无线网络覆盖全部办公区的高校最多，占比为86.60%；其次是覆盖全部教学区的高校，占比为78.69%。具体情况如图4-1所示。

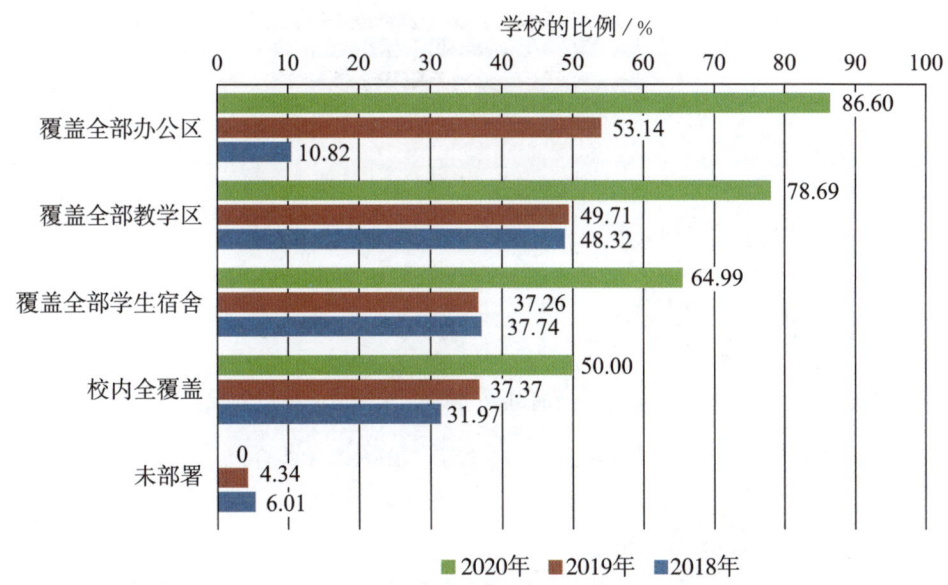

图4-1　无线网络覆盖学校不同区域的情况

（二）数字校园

截至2020年底，在数字校园建设中，我国部属高校中应用大数据技术的高校最多，占比75.93%，我国地方高校中应用大数据技术的高校为59.47%。具体情况如图4-2所示。

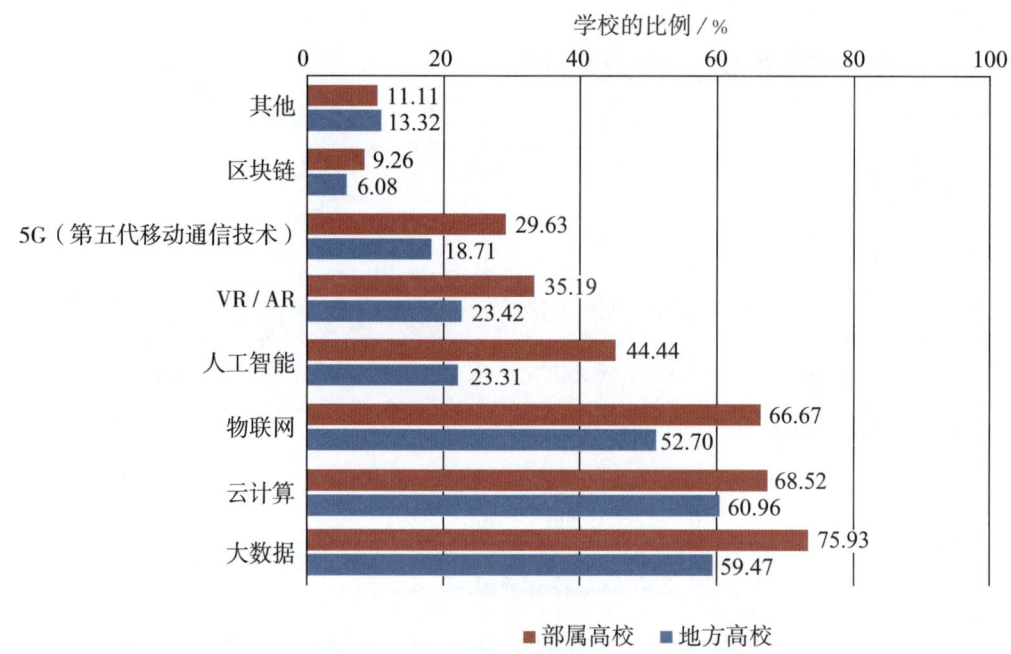

图4-2 各类技术在高校数字校园建设中的应用情况

二、教育资源

截至2020年底,我国超过81%的高校通过"购买资源库账号,在线访问"的方式获取数字化教学科研资源。具体情况如图4-3所示。

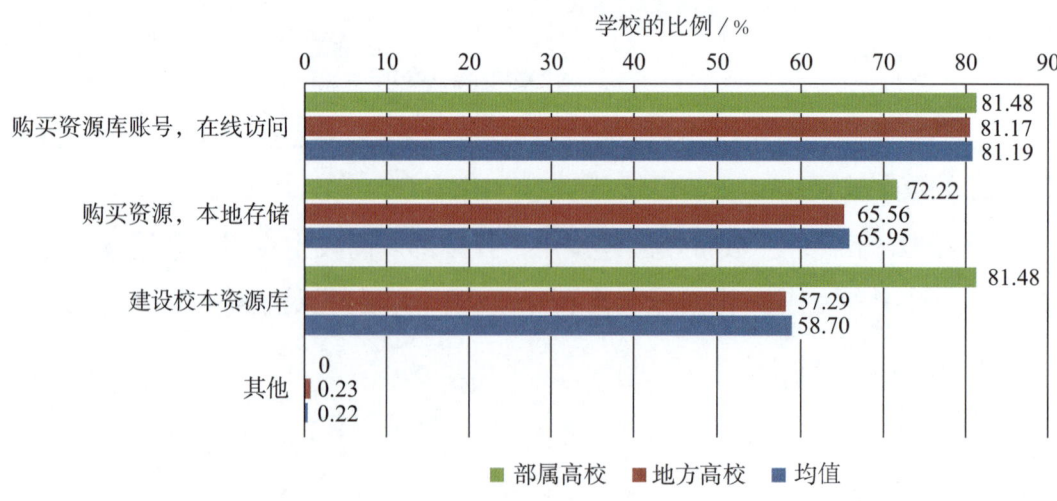

图4-3 数字化教学科研资源的获取方式

截至2020年底，我国高校数字教学资源共享服务的范围以学校内部为主。具体情况如图4-4所示。

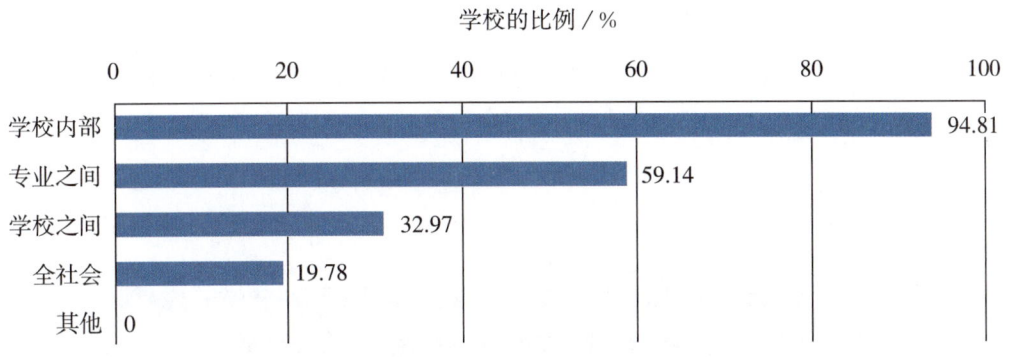

图4-4 数字教学资源共享服务的范围

截至2020年底，我国高校为促进在线开放课程应用所采取的措施如图4-5所示。超过58%的高校采取学分认定的措施，采取课程运行保障、在线学习认证、课程制作经费资助、课程质量审查、课程效果测评等措施的高校均超过46%。

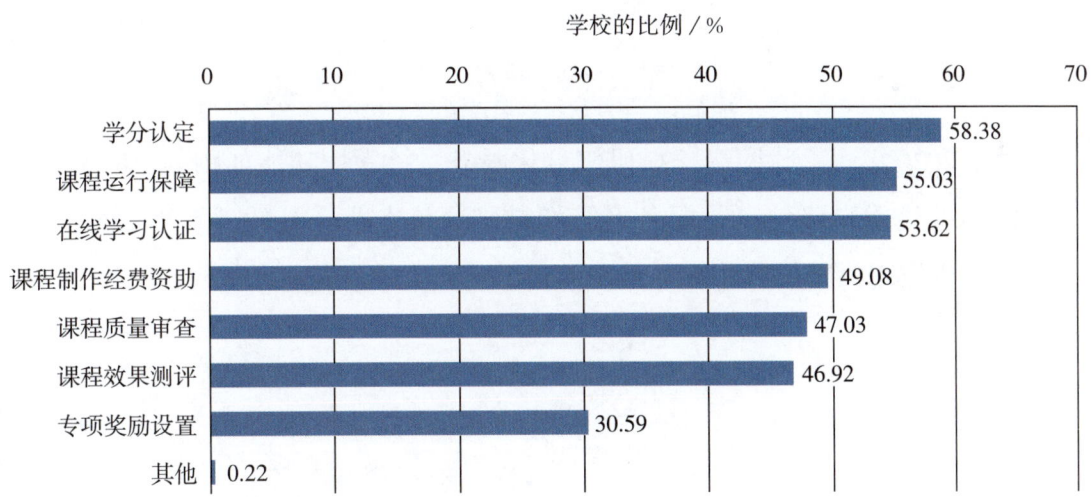

图4-5 为促进在线开放课程应用所采取的措施

三、教学应用

截至2020年底，我国高校信息化教学系统常用功能如图4-6所示。超过85%的高校使用信息化教学系统的网络教学功能，超过65%的高校使用信息化教学系统的网络考试功能。

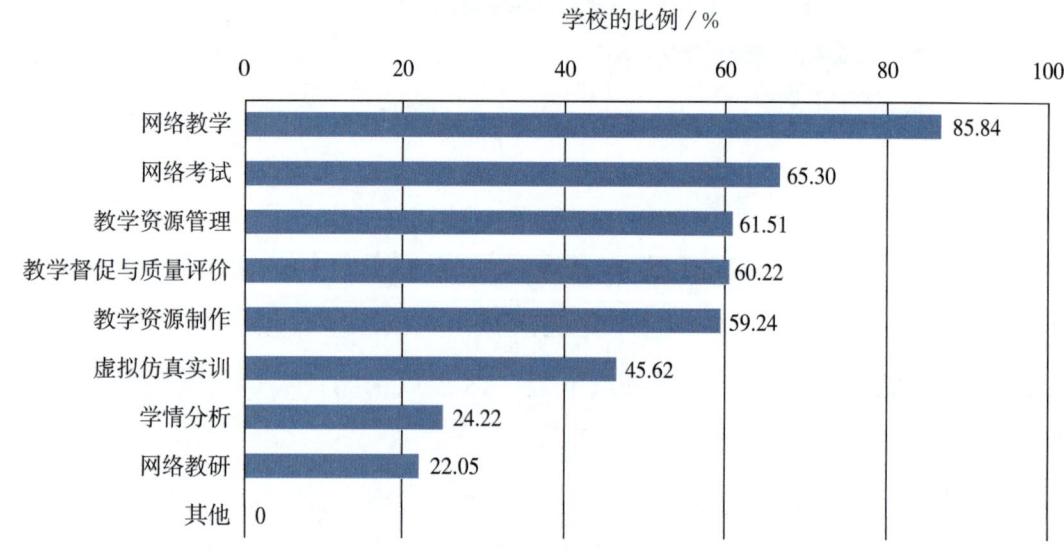

图4-6　信息化教学系统常用功能

截至2020年底，我国高校科研信息化服务系统常用功能如图4-7所示。约52%的高校使用科研信息化服务系统的科研项目专业工具软件管理功能，约51%的高校使用科研信息化服务系统的科学文献共享功能。

第四章　高等教育信息化发展状况

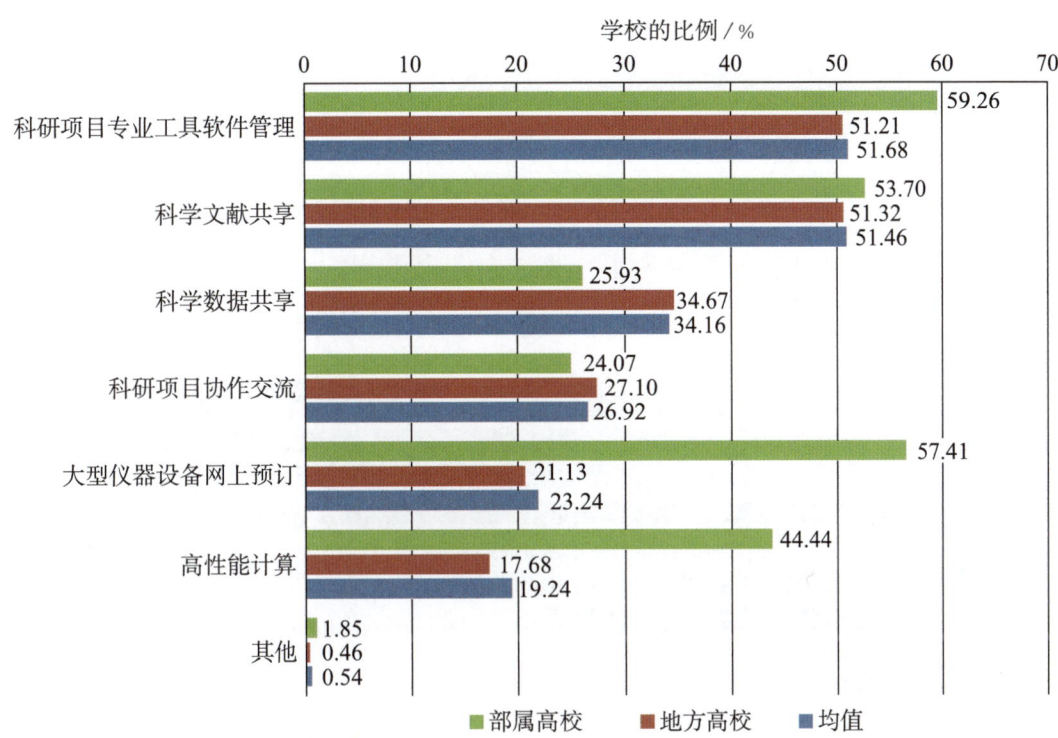

图4-7　科研信息化服务系统常用功能

截至2020年底，我国高校虚拟仿真技术主要应用范畴如图4-8所示。约79%的高校将虚拟仿真技术用于虚拟仿真实验教学，约53%的高校将虚拟仿真技术用于学生自学自练。

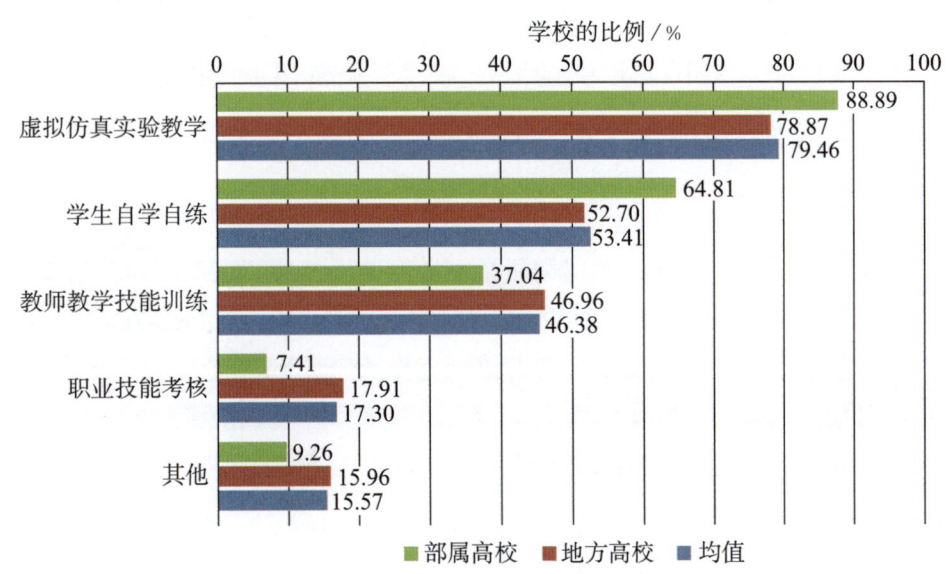

图4-8　虚拟仿真技术主要应用范畴

四、管理信息化

（一）校园一卡通

截至 2020 年底，我国高校校园一卡通已实现的功能如图 4-9 所示。我国高校校园一卡通主要以餐卡服务为主，其次是图书借阅。

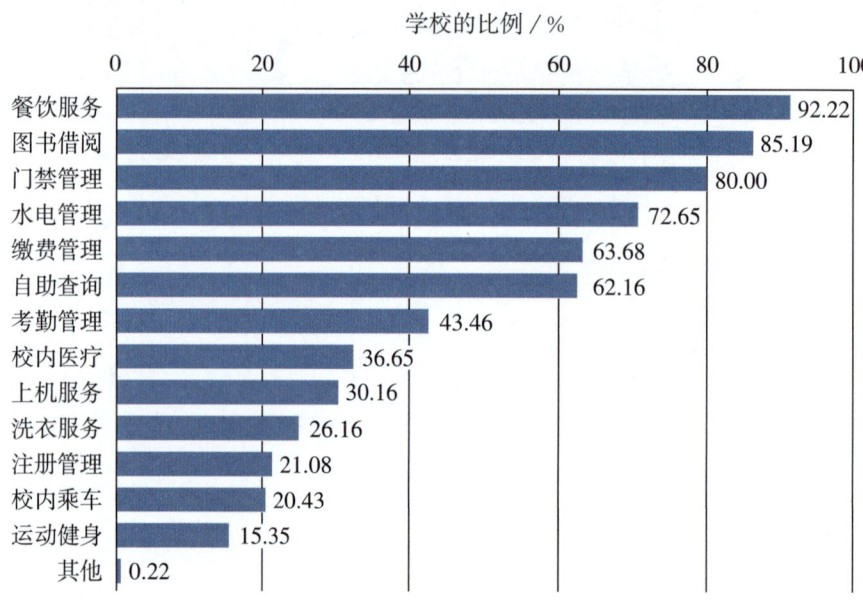

图 4-9　校园一卡通已实现的功能

（二）网络安全系统

截至 2020 年底，我国高校安全监控系统覆盖校园范围的情况如图 4-10 所示。超过 90% 的高校所部署的安全监控系统覆盖校门、教学区、办公区。

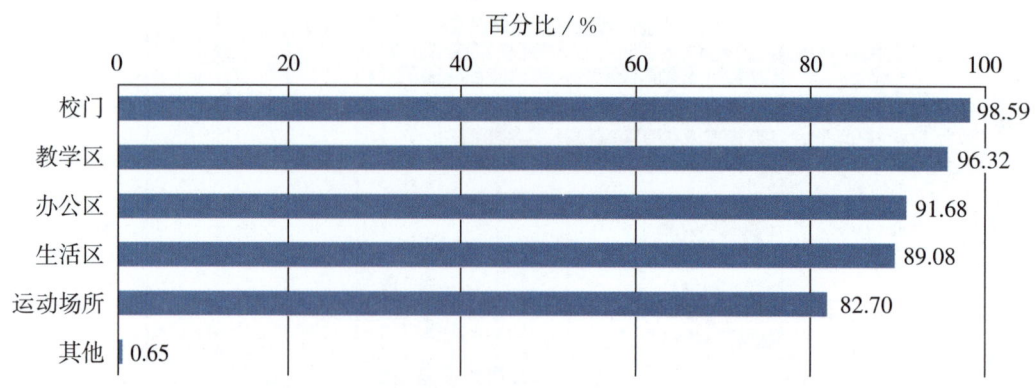

图 4-10　安全监控系统覆盖校园不同范围的学校比例

五、保障机制

截至2020年底,我国高校为促进信息技术在教育教学中常态化应用所采取的措施如图4-11所示。61.51%的高校制订教师信息技术应用能力培训计划,38.81%的高校将信息化教学能力纳入教师评聘考核体系。

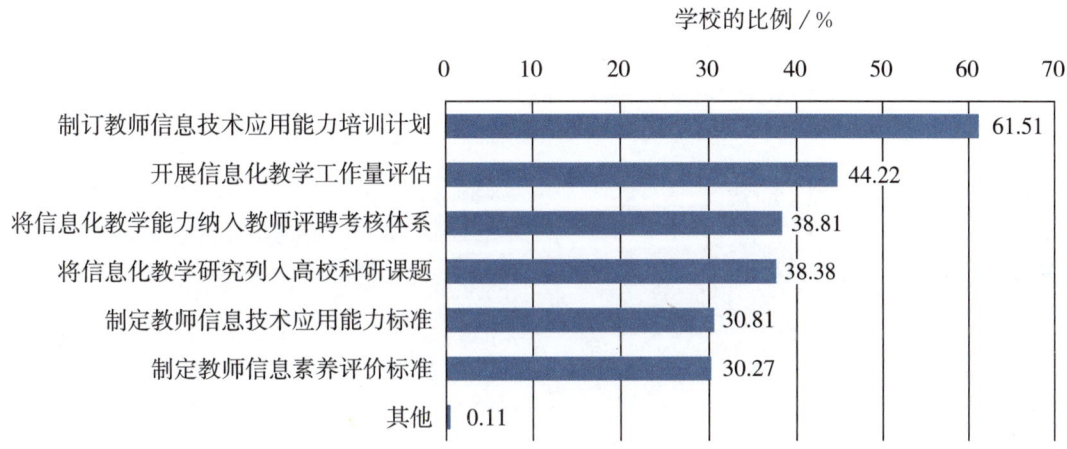

图4-11　为促进信息技术在教育教学中常态化应用所采取的措施

第二节　省域典型指标

截至2020年底,我国31个省(自治区、直辖市)的地方高校应用MOOC(慕课)开展教学的情况、无线网络覆盖的情况、设置信息化职能部门的情况见表4-1。

表4-1　省域高校教育信息化发展典型指标

省份	应用MOOC开展教学的学校比例/%	无线网络全覆盖的学校比例/%	专设信息化职能部门的学校比例/%
北京	80.00	73.33	86.67
天津	77.78	29.63	88.89
河北	63.83	14.89	80.85

续表

省份	应用MOOC开展教学的学校比例/%	无线网络全覆盖的学校比例/%	专设信息化职能部门的学校比例/%
山西	46.88	28.13	81.25
内蒙古	76.47	29.41	94.12
辽宁	78.18	29.09	83.64
吉林	85.71	42.86	88.57
黑龙江	83.33	38.89	77.78
上海	76.67	26.67	96.67
江苏	82.81	45.31	90.63
浙江	87.72	52.63	78.95
安徽	81.82	31.82	79.55
福建	97.22	19.44	94.44
江西	73.81	42.86	85.71
山东	90.48	33.33	87.30
河南	83.64	50.91	85.45
湖北	78.33	16.67	75.00
湖南	79.59	40.82	81.63
广东	64.41	33.90	94.92
广西	80.56	19.44	80.56
海南	83.33	16.67	83.33
重庆	95.65	52.17	100.00

续表

省份	应用MOOC开展教学的学校比例/%	无线网络全覆盖的学校比例/%	专设信息化职能部门的学校比例/%
四川	73.33	24.44	100.00
贵州	80.00	20.00	80.00
云南	87.50	34.38	93.75
西藏	75.00	75.00	50.00
陕西	72.92	45.83	93.75
甘肃	85.00	25.00	100.00
青海	75.00	75.00	75.00
宁夏	85.71	57.14	57.14
新疆	66.67	20.00	100.00

第五章
继续教育信息化发展状况

第一节　高校继续教育信息化发展状况

2020年是全面建成小康社会和"十三五"规划实施的收官之年，是基本实现教育现代化的关键之年，各高校在深化教学方式与服务模式创新、扩大数字化资源覆盖面、提高教育教学质量等方面取得显著进步。抗击新冠肺炎疫情期间，各高校尤其是远程教育试点高校在教学平台、技术支持、教育资源、师资培训、学习支持服务等方面输出了经验。

一、信息化平台建设向智能化转型

随着互联网的发展和各种智能终端的普及，各高校不断完善基于"互联网+"的各类教育教学平台，加强信息技术、智能技术与教育教学的深度融合，促进教育信息化从融合应用迈向创新发展。

（1）注重硬件设施升级改造。为营造智慧化学习环境，多数高校加大投入力度，改造升级硬件设施，不断扩大无线网络的覆盖范围，提高服务器的存储容量与存取速度，接入中国教育和科研计算机网、中国电信网、中国联通网、中国移动网等，形成多出口的高速互联网络。部分高校搭建专门的虚拟与实景录播室、智慧体验教室、3D高清虚拟演播室，有条件的高校正在尝试搭建5G支持的VR沉浸式互动实验室，探索物联网、室联网在继续教育中的融合创新，引入多模态数据监测设备、人脸智能识别终端，提高继续教育教学的智能化、个性化与体验性水平。一些高校利用新技术破解继续教育考试管理中的难题，如南京大学、中国石油大学、西南财经大学等高校利用人脸识别技术、五官定点坐标识别、GPS（全球定位系统）监控考试过程。

（2）加强智能化系统平台建设。系统平台建设是高校继续教育信息化建设的重要支撑。高校通过自建、共建、外购、委托建设等多种方式不断升级和完善信息化管理、教学、实验等相关系统平台。大部分高校的继续教育从学生学习到教学管理已经基本实现了信息化，且教学过程重要环节的信息化程度也在逐步加深。高校积极加强继续教育多终端教学学习平台建设，部分高校近90%的学习内容可在移动端完成。有条件的高校对网络平台、移动平台等教育教学平台进行智能化转型升级，为学生提供个性化教育服务。西安电子科技大学打造人工智能学习平台，利用人工智能中的用户画像技术，定义每个学生的学习特征，向学生及时反馈学习效果和推荐学习内容，通过学习提醒、学习效果分析报表功能，督促学生参加教学过程。以单个学生和单一课程为起点，逐步扩展到为学生提供整个专业领域的知识推送和学习建议，使其更好地掌握本专业基础知识和专业知识，达到提高教学质量的目的。与传统的在线学习平台相比，人工智能学习平台使学生的个性化学习得到加强，为每个学生创建了适合自己的网上学习条件，提高了学生的学习兴趣。

二、优质数字化学习资源共享和开放力度不断加大

随着现代信息技术与教育教学的深度融合，高校数字化资源越来越丰富，质量越来越高。高校继续教育秉承汇聚、开放、共享资源的理念，不断扩大优质资源覆盖面，为行业、企业、区域的学习者提供了多类型、多样化、多层次、个性化的海量资源，为国家的产业升级、经济转型、劳动力素质提升提供了有效的资源服务。

（1）校内共享。许多高校发挥继续教育数字资源建设内容更新较快、实用性强、灵活便捷等优势，积极推动教学资源的校内共享，丰富了全日制学生获取知识的渠道，实现了教学资源利用最大化。中国石油大学（华东）依托"石大在线"教学平台，向全日制学生开放数字化课程资源，成为学生补修、辅修和选修的学习资源；建成石油工程实验室、普通地质实验室等，向全日制学生开放。

（2）校际互通。各高校在服务校内教育的同时，打破资源壁垒，利用信息技术手段，不断优化校际优质教学资源共建共享的模式，为建设学习型社会和构建终身学习体系提供有力的支撑和保障。中国传媒大学、北京大学、对外经济贸易大学、北京邮电大学联合设立了校际网络教育资源共建共享研究项目，发挥各校的学科优势，开展网络教育资源的共建研究，推进不同高校之间的课程共享、学分互认。

（3）校企合作。高校积极发挥专业、资源等优势，深化产教融合，服务于经济社会发展和行业需求，联合行业企业通过共建共享资源、共建实习实训基地、共享师资、共设项目等方式，实现与行业企业的深度合作，形成资源共享、优势互补的合作新机制。中国矿业大学与中国煤炭工业协会合作共建全国煤炭远程教育培训网，并形成了"行业主导出政策，企业参与出经费，高校服务出教育资源，职工自主学习、免费学习"的继续教育新体制。

三、高校继续教育信息化管理效能显著

为充分发挥"互联网+继续教育"的信息化优势，提升信息化管理水平，高校借助互联网平台技术、大数据分析技术、移动学习技术等，从招生到毕业，建立全过程的信息化管理新模式，有效提升了管理效能。

（1）招生管理信息化。在招生管理方面，部分高校加大信息化普及力度，在广泛采用招生管理平台实现在线报名、在线管理，采用身份证信息采集器、高拍仪采集学生信息的基础上，逐步利用大数据综合分析功能，实时远程监管校外学习中心、函授教学站的宣传工作，严格把关新生入学资格、入学资料的审查情况。在线报名过程中，采用人脸识别技术识别当前报名学生和智能识别的身份证照片中的人是否为同一人，有效解决招生过程中替报、误报的问题。

（2）教学管理信息化。随着信息技术的迅速发展和学生学习需求的变化，很多高校在积极践行推进混合式教学模式改革，相应的教学管理重点、内容、流程、方式方法也发生了较大变化，教学管理平台逐渐与其他业务平台互融互通，实现一体式、规范化管理。中国政法大学推出了"智慧法大"平台，将学校教务管理系统、学工管理系统等30多个业务单位的信息平台、数据系统迁移到数据中心，实现了"身份一账号、数据一中心、办事一张表"，学籍、教

务以及招生管理等多个环节的工作效率和质量迅速提高。

（3）考试管理信息化。有条件的高校大力推广信息化考试，利用人脸识别等新技术加强考试过程监控，确保考试的真实、规范、安全。中国地质大学（武汉）在课程考试中引入信息流概念，优化选课、学习、作业、考务安排、组卷、试卷印刷、巡考、改卷、成绩上网等环节的业务流程，有效解决考试管理过程的周期长、易出错、效率低、监管难等瓶颈问题。

（4）毕业管理信息化。部分高校在毕业论文指导和撰写，毕业信息筛选、审核、提交全过程信息化的基础上，同时搭建了线上线下实习实务平台，推进毕业生就业实习。一些高校实现了毕业生信息批量审核，大大提高了工作效率；开发了校友平台，不断完善校友信息管理。

四、基于信息技术的人才培养模式不断创新

高等学校继续教育的人才培养是继续教育办学的重要环节。各高校继续教育着力创新教育教学方式和方法，实行"线上+线下"、自主学习和协作学习相结合、自助式、辅助式等信息化的混合式教学模式，积极探索满足学习者多样化、个性化学习需求的新型人才培养模式，提升师生信息技术应用能力，以教育信息化带动教育现代化。

（1）教学模式创新。高校在开展继续教育的过程中，结合学习者职业发展特点，借助数字信息技术、网络技术、多媒体等信息化手段，构建了灵活多样的混合式教学模式。北京理工大学以学习者为中心，以知识点导航学习路线为基础，充分利用现代信息技术，研发了"问题引发、知识点导航"的新型教学模式。该模式通过多种学习路径，通过创建问题与知识关系的双向思维，大幅调动了学习者的学习主动性和积极性，保证了学习效果。

（2）支持服务模式创新。高校高度重视学习支持服务体系建设，不断创新服务模式，加强学生的信息化支持服务工作，努力构建立体化、一站式的服务体系，拓展信息化服务内容，优化信息化支持服务环境，提升服务能力。陕西师范大学将社会化学习理论、学习体验理论等渗透内化到特色资源研发、智能化资源推送等机制中，形成以微信公众平台为依托的信息推送服务系统；开发立体化学习资源，实现教学一体化设计、学生一站式培养、多渠道贯通式服务管理模式。

五、以信息化提升高校服务国家战略能力

高校继续教育充分利用现代信息技术，在重点领域以及农村人才队伍建设，边疆、贫困及民族地区人才培养方面均发挥了积极作用。

（1）助力国家制造业人才培养。为服务"中国制造2025"，高校面向新一代信息技术产业、先进轨道交通装备等12个重点领域和金融财政、现代物流等现代服务业领域，实施多样化的继续教育培训项目，为产业培养急需紧缺人才。上海交通大学依托船舶与海洋工程一流学科优势，面向大中型海洋工程装备企业、船舶企业的高层管理人员及高级职称专业技术人员，各省份船舶行业协会、海洋行业协会负责人等，研发主题课程10多门，建立了教学与生产实习相融通的实训平台。通过产教结合、工学交替的"教、学、做"一体化实训培养，提升了学员的实践创新力，培训了大批技术和管理骨干。华南理工大学依托理工科学科优势，在建筑规划、环境节能、能源交通、智能制造、食品安全等领域设计培训课程，开展校企产学研合作培训，面向全国培训专业技术人才7 000余人。

（2）助力"一带一路"人才培养。高校主动围绕"政策沟通、设施联通、贸易畅通、资金融通、民心相通"的"五通"目标，通过搭建平台、对接需求，面向"一带一路"沿线国家学习者开展学历继续教育和专业技术培训。西南交通大学采取共建、共享、共管的方式，汇聚行业内优质资源，创新教学模式，以职业、社会和市场需求为导向，建立了覆盖多层次、全专业，线上与线下教学相结合的轨道交通职业教育培训体系，共培训动车组司机和机械师2万余人，培训来自50余个国家的官员和技术人员2 000余人。河南工业大学积极承办发展中国家粮食储藏技术培训班、粮食安全官员研修班、谷物与薯类加工技术培训班等，来自93个发展中国家的1 469名官员和技术人员参加了培训。部分高校还在"一带一路"沿线国家建设培训基地，加大国际交流与合作，共同培养当地技能人才。

（3）助力国家脱贫攻坚战。高校积极履行社会责任，坚持"扶贫先扶志，扶贫必扶智"，发挥办学优势，构建"信息化+教育服务"扶贫模式，为艰苦贫困地区提供各类教育服务。电子科技大学为贵州岑巩县建设覆盖县域30所中小学59个班级的英语口语"空中课堂"，搭建电子科技大学、电子科技大学实验中学与岑巩县第一中学"两地三端"远程教育系统，常态化开展"两地三端"教学互动和研讨，让岑巩县学生享受到优质教育资源。

六、发挥网络教育优势，助推国家开展"停课不停学"

2020年，波及全球的新冠肺炎疫情给人类社会生活带来重大影响。根据联合国教科文组织2020年4月下旬发布的信息，疫情至少使全球191个国家和地区采取学校停课措施，至少15亿名学生和6 300万名中小学教师受到影响。疫情期间，我国高校迅速响应党中央、国务院及教育部的号召和部署，发挥网络在线教育积累的经验和资源优势，全力服务和助推"停课不停学"。

（1）服务校内全日制学生"停课不停学"。高校充分发挥网络教育的优势，积极服务校内本科生、研究生教育，提供教学平台、技术服务、教师培训、在线资源等多方面支持，最大限度保证"停课不停学"工作的开展。

（2）提供在线教学平台，保障在线教学顺利开展。高校通过开放继续教育（网络教育）学院在线教学平台和定制开发在线教育平台的方式，最大限度满足校内学生的在线学习。北京外国语大学网络教育学院通过"北外e课堂"平台，支持校内7 375名学生、518名教师、1 085门课程的线上教学。西南科技大学网络教育学院将现有云服务教学平台与学校教学教务管理平台对接，为教师提供课程制作、教学、考核、统计等功能，满足"教、学、练、测、评"等各环节需要，保障全日制在线教学的实施。

（3）实施学习支持服务，满足学生在线学习需求。高校继续教育充分发挥自身技术优势和在线教学经验，为校内全日制在线教学的顺利开展提供技术服务和教学、助学支持。厦门大学继续教育学院组织团队启动远程技术值班，全天候、无间断维护在线学习平台运行顺畅。奥鹏远程教育中心面向开放大学办学体系的合作院校免费提供自主研发的智慧教育云平台，调动近千名辅导教师和全部网络课程资源为广大师生提供支持服务，保障了118所院校的1.5万名学生的在线学习。

（4）开展教师远程培训，提升教师在线教学能力。针对高校教师在线教学经验不足、在线教学能力缺乏的情况，部分高校面向校内组织和开展了系列教师培训，指导教师正确认识、组织在线教学。华东师范大学开放教育学院组织专业团队研发教师在线教学能力提升课程，通过上海教育电视台向上海市全体教师播出。西安交通大学继续教育学院抽调大量技术力量协助学校完成2 192名教师的在线教学平台使用培训，并为教师开展网络教学提供支持服务。

（5）增加优质资源供给，开放数字化资源。高校快速整合、筛选优质在线教学资源向校内师生和社会大众免费开放，借助网络教育相关联盟扩大服务范围、拓展服务模式。福建省高校在线教育联盟为福建省高校免费提供共享课程达千门，全力支持省内高校开展多种形式的跨校协同教学。

第二节 国家开放大学教育信息化发展状况

一、概况

2020年是我国决胜全面建成小康社会、决战脱贫攻坚的关键之年，也是我国抗击新冠肺炎疫情斗争取得重大战略成果的一年。2020年1月15日，国务院副总理孙春兰视察国家开放大学，为学校发展指明了方向；2020年8月，教育部党组会议审议通过《国家开放大学综合改革方案》，为学校改革提供了遵循。按照教育部印发的《2020年教育信息化和网络安全工作要点》《国家开放大学综合改革方案》和国家开放大学印发的《国家开放大学2020年工作要点》要求，学校统筹疫情防控和事业发展，聚焦"开放大学高质量发展"。

2020年，国家开放大学开放教育累计招生161.8万人，毕业学生97.6万人，授予学位学生8 344人。高等学历教育本科、专科在校生466.1万人。国家开放大学开设开放教育本科、专科专业（方向）238个，其中高中起点本科层次专业（方向）13个，专科起点本科层次专业（方向）58个，专科层次专业（方向）167个。学校已经构建了由总部和45个省级分部、14个行业学院、3 735个学习中心组成，覆盖全国城乡、服务全民终身学习的"办学共同体"。

二、信息化建设与应用

2020年，国家开放大学全面开展网络安全保障体系建设，持续推进"国开在线"大平台建设，稳步推动数字化学习资源建设。

（一）建设"一路一网一平台"，构建智慧校园环境

站在新的发展起点，国家开放大学党委提出了建设"一路一网一平台"的目标，重点包括以下内容。

（1）建设融合5G的泛在高速网络（"一路"）：基于人工智能和5G等现代信息技术，一体化设计、建设覆盖办学组织体系的信息高速公路，实现国家开放大学总部内部，总部和分部、学院、学习中心的快速访问和数据高速传输。

（2）建设先进的在线教育网（"一网"）：为学历教育、非学历教育提供统一的学习网，平台支持不同类型教育项目的在线学习，提供选课、学习、辅导、答疑、作业、形成性考核、教研、查询、统计等功能，支持千万级用户使用、百万级用户在线、十万级用户并发条件下的快速访问，对各类学习资源及学习行为数据进行多维度、多角度的大数据分析。

（3）建设基于人工智能的智慧教育综合平台（"一平台"）：建设高度集成的管理服务平台，实现招生、学籍、课程、考试、毕业、学位、资源管理、学

生服务、学分银行、质量监控、电子支付、内部管理等各项业务一站式管理和服务。

（二）提升信息化支撑教育教学能力，实现了全年平稳运行

2020年，学习网登录者达到599.7万人次，单日最高流量达到217 TB，单日登录峰值达到534 821人。截至2020年底，已为所有4 685 818名在籍学生开通学生空间，已为82 718名教师开通教师空间，实现了"网络学习空间人人通"的目标，并已为5 345个国家开放大学系统内办学机构开通管理空间。

（三）主动服务疫情防控，提供办学新途径

2020年新冠肺炎疫情期间，国家开放大学开通云教室直播服务，推动学习网与云教室的整合。开展面向全国的云教室直播应用技术培训，参训教师约2 000人次。为总部165名教师、分部1 678名教师开通云教室直播账号，全年通过云教室开展5 101场直播教学活动，观看时长4 276万分钟，观看者达到105万人次。全年召开82场办公视频会议。云教室为新冠肺炎疫情期间的正常教学提供了保障。

2020年4月，国家开放大学顺利推出国内首张电子入学通知书，为学校2020年春季69万名新生提供电子入学通知书下载与验证服务，大大节省了纸质印刷和邮递等经济成本。截至2020年底，累计完成电子入学通知书160余万张。

（四）资源建设与应用推进

国家开放大学完善学习资源的准入、退出和运营制度，更新学习资源建设标准，出台《国家开放大学课程学习资源配置管理办法》等一系列制度和标准。对网络课程进行移动端适配改造，已经建有支持移动学习的网络课程689门。继续推动五分钟课程建设，完成4 000门五分钟课程建设任务，上线投入使用的五分钟课程3.8万门。创新优质资源建设模式，建设七个系列的"名师好课"直播课程，全网累计直播观看量超过680万人次；集聚业界精英，打造"人工智能"等通识课程，已上线的通识课程80门。加大社会服务力度，数字图书馆服务于学历教育、非学历教育师生和1 500余万名校友。面向数字图书馆用户开展10场线上线下数字资源使用培训与数字阅读推广活动，策划"学习时间""一书一课"等阅读活动，活动参与者超过2万人次。加大学习资源运营与推广力度，思政课推广到36家院校，"学习强国"上累计发布29门课程，点击量超过2 500万次。"鸟与自然"系列五分钟课程荣获代表我国林业行业最高科技水平的梁希科普奖一等奖。

（五）强化网络安全工作，保障学校信息安全

国家开放大学认真贯彻教育部网络安全工作部署要求，逐一完成学校党委年度网络安全责任制落实考核评价任务要点，在教育部组织的2020年度网络安全责任制落实考核评价中得分为满分100分，获信息安全等级保护关键技术国家工程实验室2020年度等保云防网站安全防御先进单位、中国教育和科研计算机网下一代互联网（IPv6）规模部署先进单位等称号。

（六）凝聚体系力量，开展信息化创新案例征集评选活动

国家开放大学面向办学体系开展以"应用先进信息技术，服务全民终身学习"为主题的信息化创新应用案例评选活动，39个分部提交了110个案例。通过设置评分标准、初审和专家评审等环节，评出一、二、三等奖32个，优秀奖10个，组织奖6个。该活动有利于开放大学体系不断探索技术与教育融合创新，推动在线教育不断蓬勃发展。

（七）探索信息化建设的新机制和新模式

国家开放大学引智借力，与腾讯、阿里巴巴、百度等大型互联网企业合作，瞄准高端前沿，推进学校信息化建设，加快区块链、人工智能、大数据、云计算、5G等现代信息技术在教学和管理中的应用。在学分银行建设中启用区块链技术，研究未来学习中心信息化建设标准，构建了基于云服务的教育信息化精准扶贫模式，形成了"云+端+物联网+人工智能"云教室体系架构，探索了"5G+X"示范应用方案，总结归纳了教育大数据常见处理方法和工具，与百度公司合作完成并发布《AI+高等教育发展与应用白皮书》。

第六章
特殊教育信息化发展状况

第一节 基础设施

一、网络接入

截至2020年底，我国几乎所有的特殊教育学校都实现了互联网接入。其中，聋校宽带网络接入率最高，为100%。具体情况如图6-1所示。

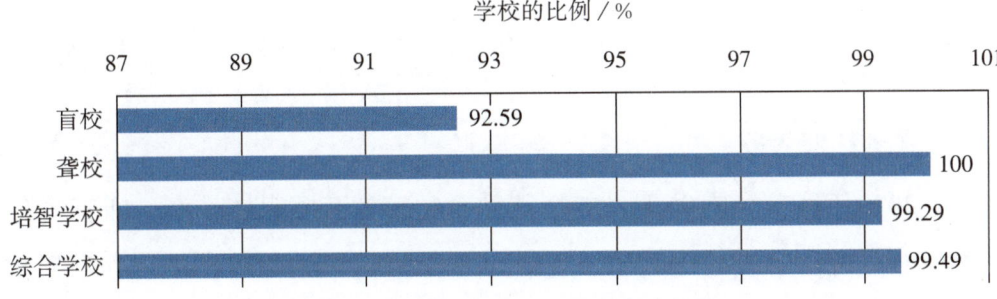

图6-1 不同类型学校宽带网络接入率

截至2020年底，全国特殊教育学校无线网络覆盖的情况如图6-2所示。其中，无线网络覆盖全部教学区的学校最多，占比为44.13%。

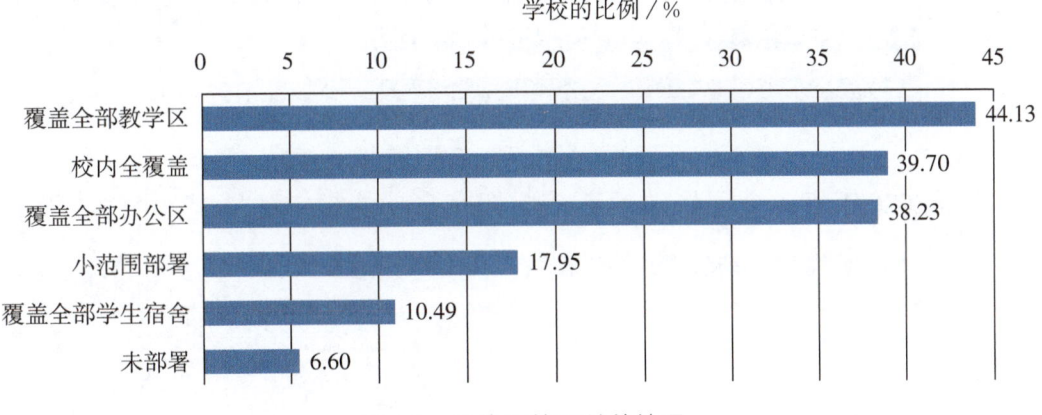

图6-2 无线网络覆盖的情况

二、教学终端

截至2020年底，全国特殊教育学校平均每名教师拥有的教学终端数为1.24台，较2019年的1.16台有所增加。其中，综合学校平均每名教师拥有的教学终端数最多,为1.30台。具体情况如图6-3所示。

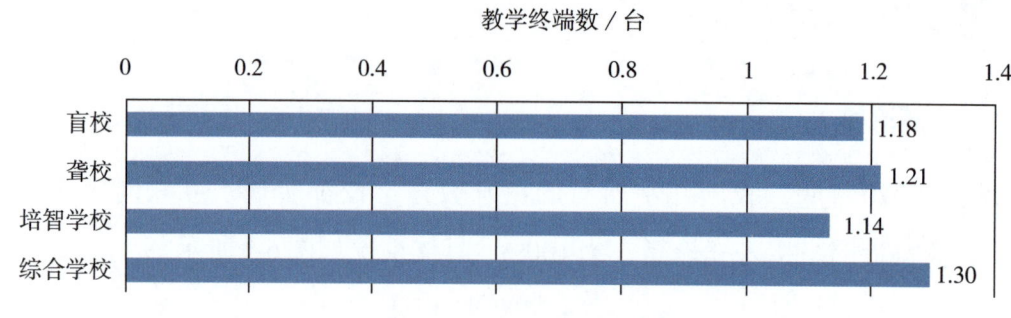

图6-3　不同类型学校平均每名教师拥有的教学终端数

三、多媒体教室

截至2020年底,全国96.12%的特殊教育学校拥有多媒体教室。拥有多媒体教室的聋校、综合学校的比例均超过全国平均水平。具体情况如图6-4所示。

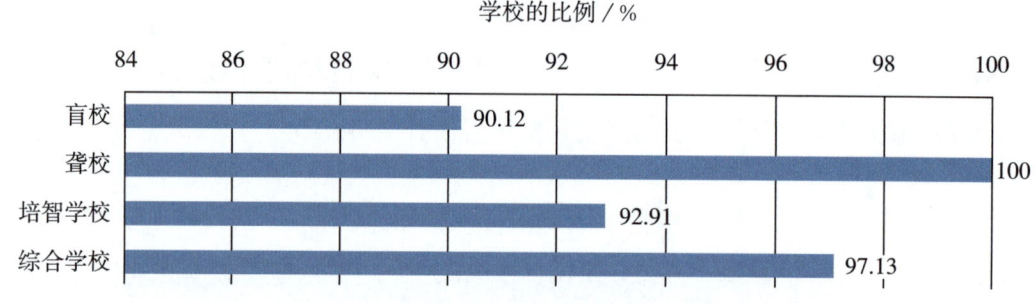

图6-4　不同类型学校拥有多媒体教室的情况

截至2020年底,全国特殊教育学校拥有多功能教室的情况如图6-5所示。其中,拥有感觉统合训练室的学校最多,为63.09%。

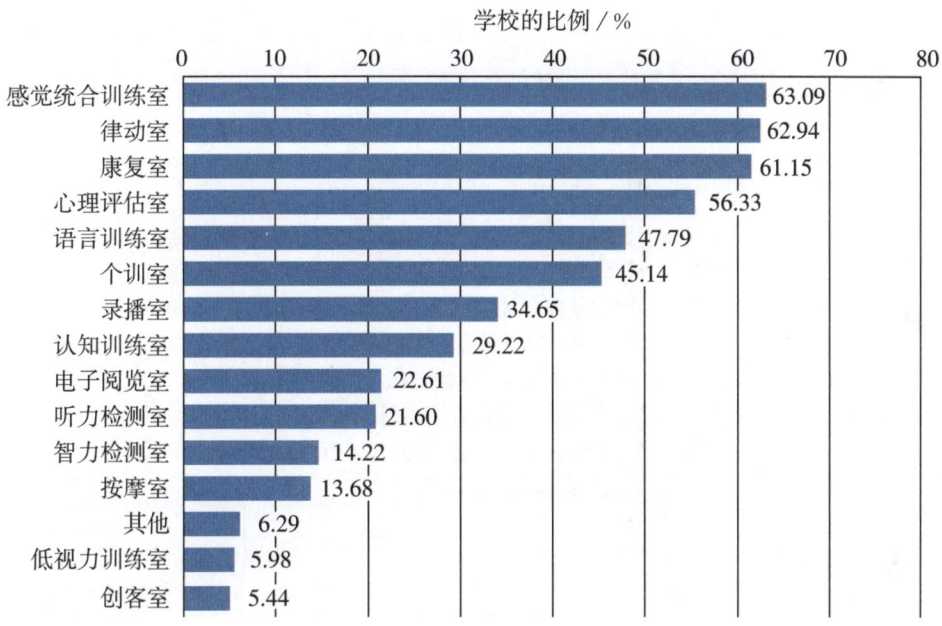

图 6-5　拥有多功能教室的情况

第二节　教育资源

截至2020年底，语文、数学学科拥有与纸质教材完整配套数字教学资源的特殊教育学校较多，均超过60%。具体情况如图6-6所示。

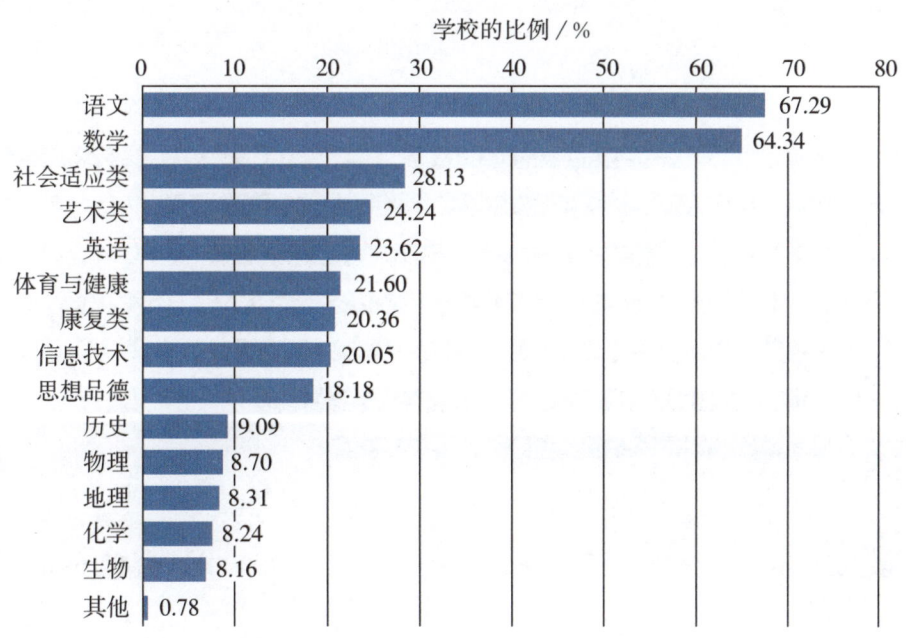

图 6-6　不同学科拥有与纸质教材完整配套数字教育资源的情况

截至2020年底，数字教育资源获取途径为国家教育资源平台的特殊教育学校教师最多，为49.20%。具体情况如图6-7所示。

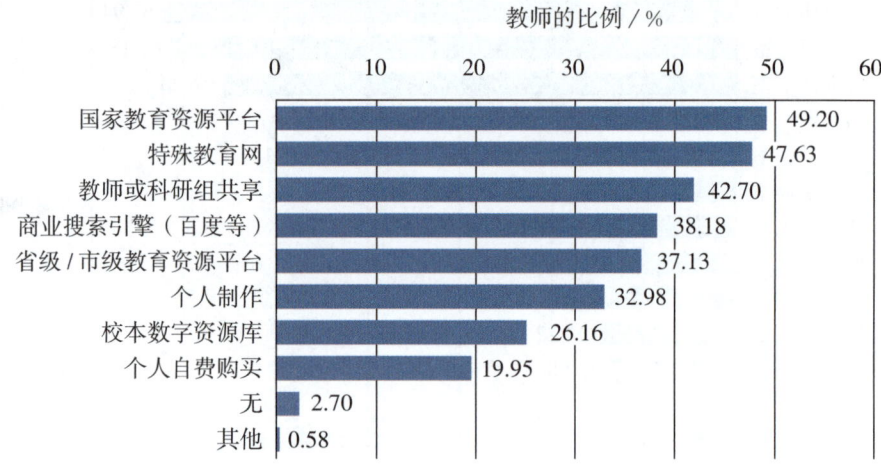

图6-7　教师获取数字教育资源的不同途径

第三节　教学应用

截至2020年底，全国特殊教育学校教师在教学各环节中经常使用的数字教学资源情况如图6-8所示。其中，97.03%的教师在教学各环节中经常使用PPT课件。

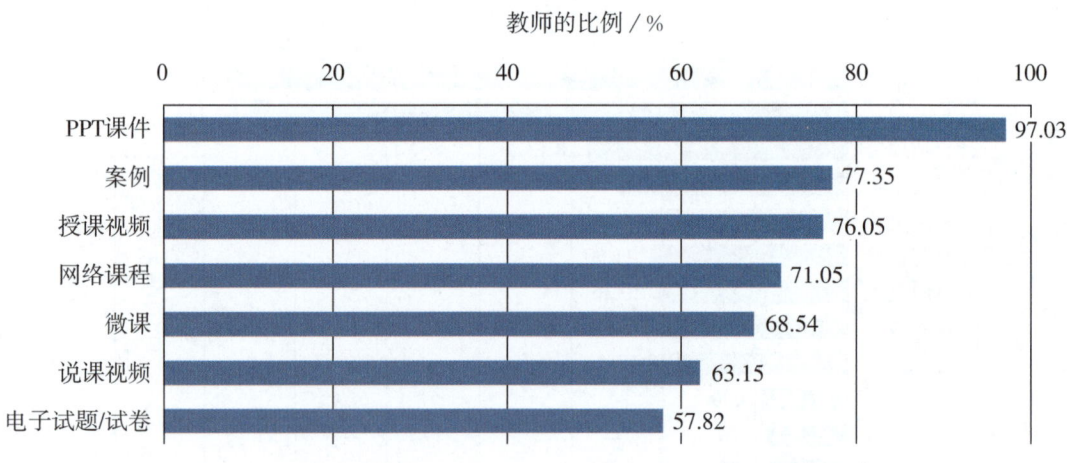

图6-8　在教学各环节中经常使用的数字教学资源

截至2020年底，全国开通网络学习空间的特殊教育学校为53.69%。其中，盲校、培智学校该指标均超过全国平均水平,分别为62.96%和55.32%。具体情况如图6-9所示。

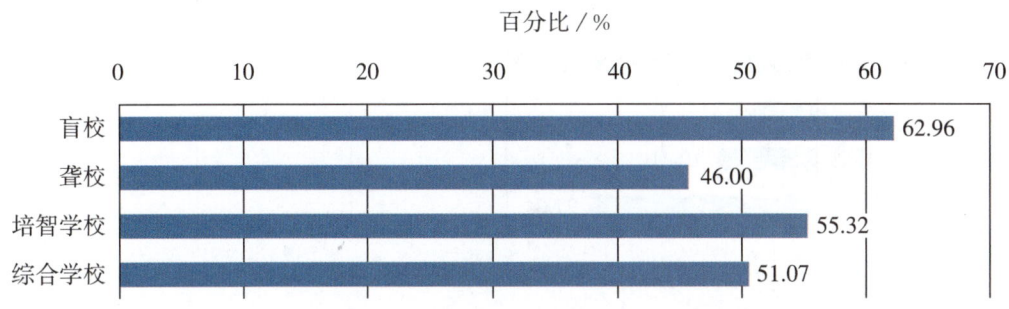

图6-9　开通网络学习空间的学校比例

截至2020年底,全国特殊教育学校能够利用信息技术开展学科教学的教师比例为83.69%。其中,综合学校该指标超过全国平均水平。具体情况如图6-10所示。

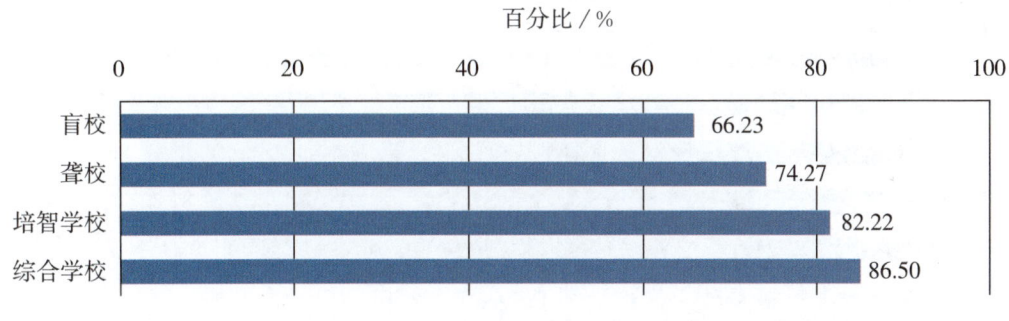

图6-10　能够利用信息技术开展学科教学的教师比例

第四节　管理信息化

截至2020年底,我国72.96%的特殊教育学校拥有校级公共信息发布平台。其中,拥有官方微信公众号的特殊教育学校最多,占比为48.64%。具体情况如图6-11所示。

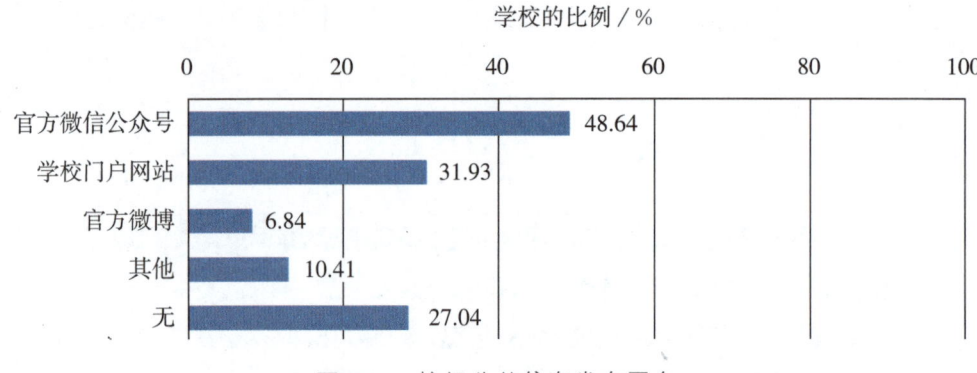

图6-11 校级公共信息发布平台

截至2020年底，我国97.51%的特殊教育学校拥有校园安全监控系统。其中，校园安全监控系统覆盖范围为校门的学校最多，占比为94.33%。具体情况如图6-12所示。

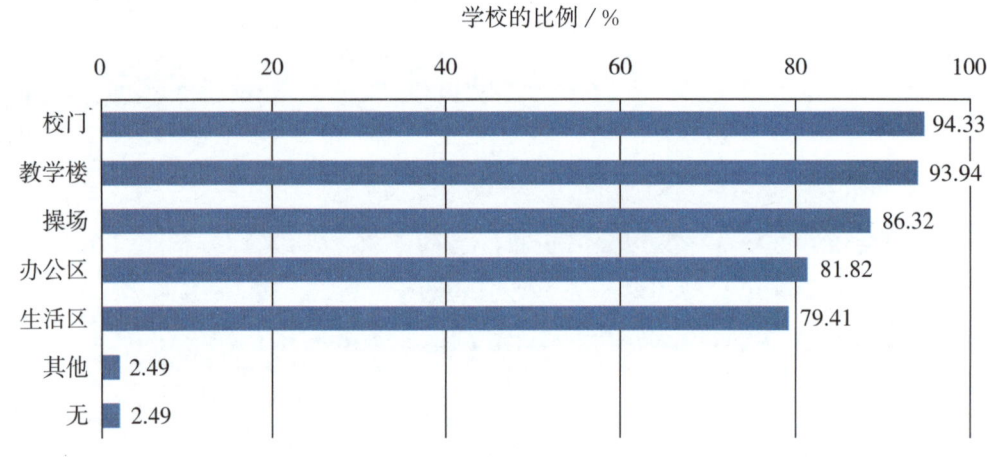

图6-12 校园安全监控系统覆盖范围

第五节 保障机制

截至2020年底，我国89.20%的特殊教育学校设有主管信息化工作的领导职位。其中，主管信息化工作的领导级别为副校级的学校最多，占比为34.73%。具体情况如图6-13所示。

第六章 特殊教育信息化发展状况

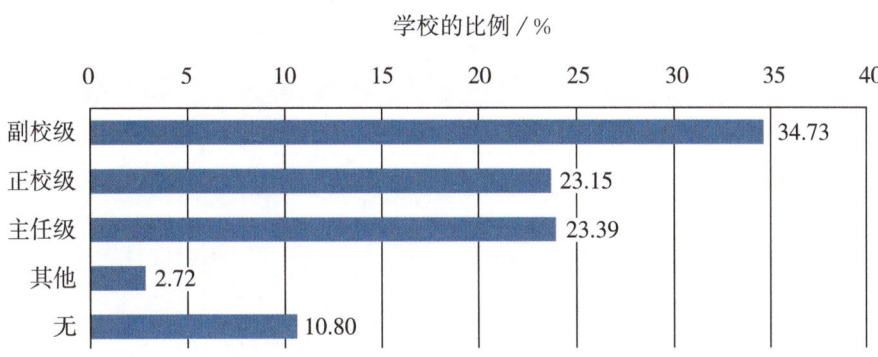

图 6-13 主管信息化工作的领导职位级别

截至2020年底,全国特殊教育学校信息技术课程教师中专任教师的比例为38.50%。其中,聋校信息技术课程教师中专任教师的比例最高,为50.00%。具体情况如图6-14所示。

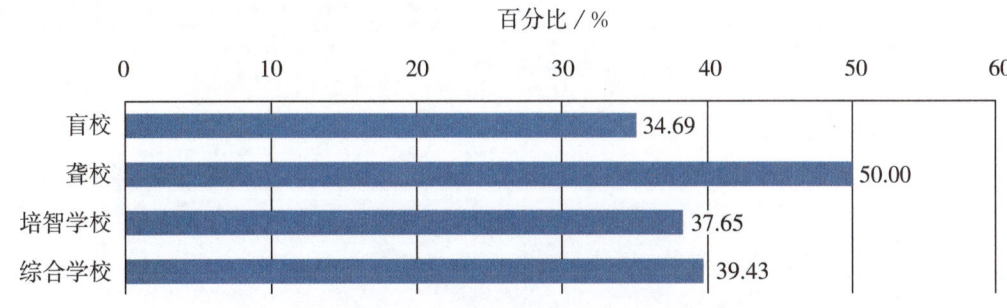

图 6-14 不同类型学校信息技术课程教师中专任教师的比例

截至2020年底,全国特殊教育学校信息化支持人员(负责学校软硬件设备设施维修、维护等)中专职人员的比例为35.57%。其中,盲校、聋校、综合学校该指标均超过全国平均水平。具体情况如图6-15所示。

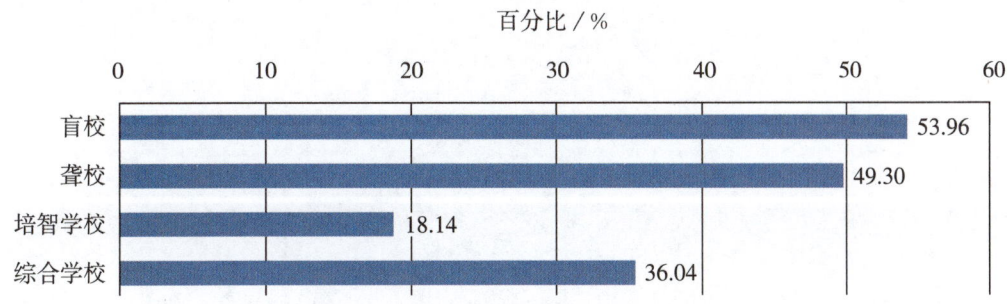

图 6-15 不同类型学校信息化支持人员中专职人员的比例

第七章
教育管理信息化发展状况

第一节 国家教育管理信息系统建设与应用情况

国家教育管理信息系统建设至今，已全面正式上线运行20个业务系统（见表7-1）。国家教育管理信息系统应用的作用日益凸显。一是支撑国家个税改革。全国学前教育管理信息系统、全国中小学生学籍信息管理系统、全国中等职业学校学生管理信息系统完成个税改革配套功能的开发和部署，为国家个税改革提供了必要的数据支撑。截至2020年底，全国中小学生学籍信息管理系统在校生家庭成员信息补录比例达到67.05%，全国中等职业学校学生管理信息系统在校生家庭成员信息补录比例达到43%，全国学前教育管理信息系统补录功能完成全国部署。二是支撑中小学生跨省转学。全国中小学生学籍信息管理系统的跨省业务在中央统一办理后，减少了中间技术环节，进一步提高了办理效率，使学生家长免于往返各地办理转学手续，节省了大量的时间和费用。截至2020年底，系统已采集2.87亿名学生（含毕业生）的信息，累计完成跨省转学751万例。三是开展跨学段查重认证服务。通过与公安部国家人口基础信息库进行数据共享，在全国中小学生学籍信息管理系统、全国中等职业学校学生管理信息系统、全国学前教育管理信息系统开展跨学段查重认证服务，实现学生学籍信息精准把控，为系统深入应用奠定基础。四是支撑教育精准扶贫。2020年，通过将全国学生资助管理信息系统与国务院扶贫开发领导小组办公室（2021年2月改组为国家乡村振兴局）、民政部和中国残联等部委的线上数据共享比对，累计资助建档立卡学生1 519.03万人次、残疾学生111.76万人次、城乡低保学生760.49万人次、特困救助供养学生15.98万人次和全国孤儿学生20.97万人次，让贫困学生充分享受到教育资助。全国中小学生学籍信息管理系统协助基础教育司推进控辍保学工作，通过与公安部国家人口基础信息库、国务院扶贫开发领导小组办公室建档立卡信息进行比对，形成了精准到学生个体的全国控辍保学工作台账，为控辍保学、扶贫攻坚工作提供精准数据支撑。五是利用信息化手段助力疫情防控。开发了新冠肺炎疫情信息填报系统，定制了"全国教育系统抗击新冠疫情防控图"，开通了全国中小学生研学实践教育平台，保障了教育部视频会议系统的政务畅达，为疫情期间精准掌握教育系统疫情情况、科学推进防疫工作和部署有序复学等提供了有力的技术支撑。通过教育部网上办事大厅、教育部政府门户网站权威发布、统一监督举报受理中心等多渠道，做好疫情防控宣传，及时收集疏解教育诉求，准确便捷服务社会公众。

表7-1 国家教育管理信息系统进展和主要应用

序号	系统	进展和主要应用
1	全国中小学生学籍信息管理系统	2020年完成跨省转学114万例；建立了精准到学生个体的全国控辍保学工作台账，支撑个人所得税改革与教育数据共享相关工作顺利开展；系统中在校生家庭成员信息补录比例达到67.05%；完成新生学籍注册。
2	全国学前教育管理信息系统	共入库37万个学前教育机构信息、4 265万余名幼儿信息；实现幼儿学籍在系统内部及与其他系统间的查重功能；实现跨省调转功能，保证学籍的唯一性。
3	全国中小学校舍信息管理系统	共入库41万所中小学校（含教学点）信息、227万栋校舍信息、54万个加固重建新建项目实施过程信息、1 554万张校园和校舍单体建筑物图片、252万段视频。
4	国家学生体质健康标准数据管理与分析系统	共采集约24万所学校2亿条学生体质健康标准测试数据，为各级教育行政部门提供统计分析报表11类3万余张，为教育科学研究院提供报表10类500余张。
5	国家教育科学决策服务系统	统计数据信息应用于国家教育决策，破解热点难点问题，发挥监测、评价、预警以及预测功能，为教育管理、决策等提供科学依据。
6	教育部直属高校基建管理信息系统	为基建管理提供辅助决策支持。
7	教育统计管理信息系统	系统用户覆盖全国50余万所各级各类学校。
8	学校（机构）代码管理信息系统	建立全国各级各类学校名录库，实现全国各级各类学校"一校一码"，每个季度为其他教育信息化系统提供基础学校代码。
9	全国教师管理信息系统	通过系统上报了21 396万名支教教师的信息。

续表

序号	系统	进展和主要应用
10	国家语言文字信息管理系统	完成了三次1 788张报表的年度语言文字工作基本情况统计工作。
11	全国中等职业学校学生管理信息系统	使用系统的学校10 211所，在校生1 676万人，毕业生4 247万人。
12	全国学生资助管理信息系统	基本实现了学生资助"科学化、规范化、流程化、信息化"管理和有效监管的预期目标。
13	全国教育经费管理信息系统	完成2018年、2019年教育经费数据入库。
14	教育部直属高校财务管理信息系统	为全国各省份和有关部门提供各级各类学校的年度基本情况，如收入、支出、债务费用等。
15	全国来华留学生管理信息系统	累计采集53.3万条来华留学生数据，涉及新生12.2万人，在校生34.3万人，毕业生6.8万人。
16	高校网络信息管理系统（一期试点工程）	提供完善的网络信息管理、预警、共享、协作服务。
17	外籍教师数据库与管理服务平台	主要实现了外籍教师应聘管理、档案管理和项目管理等业务的信息化。
18	教育信息化工作（业务）管理信息系统	采集29万余所学校填报的数据，并实现了全国学校填报率100%、联网率100%，为联网攻坚工作提供了基础数据支撑。
19	教育部干部人事人才管理信息系统	正处于试运行阶段，后续应实现干部人事人才管理主要业务的信息化。
20	校园足球管理信息系统	完成3万余所特色学校数据采集，有效监督校园足球改革试验区和试点县（区）、特色学校的校园足球开展情况，为校园足球工作决策提供服务。

第二节　教育电子政务

（1）教育部"互联网+政务"一体化平台建设与应用。2020年，教育部"互联网+政府服务"平台实现一网通办的情况见表7-2。统一用户认证自然人数从2019年底的千余人增长至2020年底的282万多人，统一身份认证法人数从2019年底的894家增长至4 164家。开展"普通话水平测试等级证书"等电子证照实施工作，2020年制证约592万张。完成教育部统一政务服务"好差评"系统建设，实现6个司局7项行政审批事项、4个事业单位7项办理服务事项的"一事一评"。教育部一体化在线政务服务平台建设与应用荣获中国信息协会颁发的"2020政府信息化卓越成就奖"。

表7-2　教育政务服务"一网通办"情况

类别	服务事项
行政许可	实施本科及以上教育的高等学校的设立、分立、合并、变更和终止审批
	中央部属高等学校章程核准
	硕士、博士学位授予单位及其可以授予硕士、博士学位的学科名单审核
	实施本科以上高等学历教育的中外合作办学机构（含内地与港澳台地区合作办学机构）设立、分立、合并、变更和终止审批
	实施本科以上高等学历教育的中外合作办学项目以及内地与香港特别行政区、澳门特别行政区和台湾地区合作办学项目审批
	高等学校设置、调整管理权限范围外的本科专业和国家控制的其他专业审批
	高等学校设置国家控制的高职（专科）专业审批
办理服务	补办全国大学英语四、六级考试成绩证明
	国（境）外学历学位认证
	国家公派留学人员派出服务
	留学人员回国工作安置服务
	自费出国留学人员存档服务
	高等教育学历认证
	高等教育学籍/学历在线验证
	高等教育学位认证
垂直系统	教师资格管理系统

（2）教育部政府门户网站服务。教育部政府门户网站全平台访问量2.02亿人次，年度发布信息总量31 564条，完成了26个司局专栏的改版工作；增设了信息无障碍浏览功能，满足残疾人、老年人等特殊群体获取网站信息的需求；法语、西班牙语、阿拉伯语版本上线，门户网站已形成以英文版为主、6个小语种为辅的外文网站群。

（3）教育"互联网＋督查"与统一监督举报受理。2020年收到各类来电来信47万件次，分转国务院"互联网＋督查"316件、中国政府网网民留言249件，报中国政府网政策答问素材6批共108条；紧盯疫情变化趋势及群众关心话题，选编了《尚在海外师生的疫情相关诉求》等专报25件。

（4）教育视频会议系统建设与应用。新增云视频会议接入，分会场规模扩大到500余个，视频会议系统的广泛应用，在疫情期间发挥了重要的作用。高效服务部机关工作，有效支撑部机关各类大型会议140余场，实现了首次利用视频会议完成中管干部的任命。实现了教育扶贫会议直通县、村级，基层声音直达部机关，有效保障教育脱贫攻坚工作扎实开展；多次协助国际合作与交流司等涉外司局开展驻多国大使馆的视频会议。

第三节　国家其他政务信息系统建设与应用情况

一、教育考试信息化

（1）深化信息技术与考试业务全面融合。国家题库2.0、计算机化考试平台、通用报名平台、综合办公平台、教师资格考试信息系统、科研管理服务平台等信息化项目完成开发和上线。计算机类考试实现无纸化，全国大学英语四、六级口语考试实现机考，人工智能评卷技术在全国大学英语四、六级考试中成功试点。教师资格考试、社会考试、海外考试全部实行网上报名和网上缴费，推动实现考生报名、缴费、成绩查询、证书补办等考试实施全流程信息化。

（2）信息化重点工程进展顺利。基于考试大数据库的决策指挥系统已建成，实现对教育考试的全局统一指挥、全程分级管理、全域实时监控。2020年高考期间，国家端平台与省端平台对接顺利完成，初步形成了以考试大数据为支撑的现代化考务指挥中心，提升了决策分析能力和突发事件处理能力。

（3）考试信息化公众服务能力大幅提升。中国教育考试网升级改造工作完成，统一访问入口，统一设计风格，统一系统域名，形成了集考试资讯、考试研究、网上报名、成绩查询等多功能为一体的服务格局。按照教育部办公厅《加快推进教育部一体化在线政务服务平台建设的实施方案》等要求，有序推进教育部一体化政务服务平台建设，开展"互联网+教育考试"服务提质增效工程，打造更加方便、快捷、高效的教育考试网上服务窗口。

（4）完善教育考试信息安全防控体系。设立国家教育考试网络舆情及有害信息监控中心，构建全方位、全天候、全时段舆情监控机制。

（5）加强信息化重点攻关项目建设。充分利用现代信息技术，建成中国考试虚拟博物馆，收集视频、音频、图片、三维模型等各类数字展品共约1 250份。

二、学生就业与学历认证信息化

（1）为高校网络远程考试提供托底技术服务。艺术类招生作品远程提交系统和高校招生远程面试系统实现"两识别、三随机、四比对"和"双机位"模式，确保视频面试安全有效，探索创新了疫情防控常态化下国家教育考试组织管理模式。

（2）开展"24365校园招聘服务"活动。"24365校园招聘服务"活动于2020年2月28日启动，为高校毕业生提供每天24小时、全年365天的网上校园招聘服务。上线以来，教育部大学生就业网联合国投人力资源服务有限公司（"国聘"）等9家协办单位，累计为毕业生提供岗位560余万个，学生投递简历量580余万人次。

（3）启用全国高校毕业生网上签约与毕业去向登记平台。实现毕业生本人直接填报、学校逐级审核、省级核查的就业数据上报统计方式。

（4）搭建全国高校毕业班辅导员就业工作平台。为充分调动、发挥毕业班辅导员作用，2020年5月开通全国高校毕业班辅导员就业工作平台，通过设置部、省（自治区、直辖市）、校、院（系）、辅导员五级账户体系，实时推送就业创业政策、招聘会、就业创业直播课、招聘信息等内容，为毕业生提供精准指导服务。

三、学位证书网上查询和学位认证互联网服务

按照国务院印发的《关于加快推进"互联网+政务服务"工作的指导意见》，教育部学位与研究生教育发展中心实现了学位证书网上查询、学位认证网上申请和办理，完成了相关平台的对接工作，实现了学位证书查询和学位认证在政务服务平台上的"一网通办"。相关材料的提交完全通过在线的、电子化的形式完成，无须现场办理，既降低了办事成本，也为广大学位获得者提供了便利。

四、留学回国人员网络信息服务

教育部留学服务中心依托国家政务服务平台公共支撑资源，推动国（境）外学历学位认证、公派出国留学派出、留学回国就业落户和留学存档等四项留学公共服务事项整合建设成为"互联网+留学政务服务"平台。

2019年8月，"互联网+留学政务服务"平台建设完成并投入试运行，留学服务全面实现由"线下跑"向"网上办"数字化转型。自平台上线试运行到2020年底，依托国家政务服务平台的实名、实人身份认证和出入境记录在线获取等公共资源服务，平台共为近94万人次的留学人员办理了各类电子证照近70万份。

2020年，平台共受理国（境）外学历学位认证申请396 472份、公派出国及回国申请24 000份、就业落户申请17 554份、档案管理申请24 577份。其中，受理国（境）外学历学位认证申请数量同比上升32.1%，受理公派回国申请数量同比上升142.3%，受理就业落户申请数量同比上升49.3%。

五、教育系统商用密码应用

落实《教育行业密码与应用创新发展实施方案》，进一步完善部省两级教育电子认证基础支撑体系和运营服务保障体系。在全国教师管理信息系统、教育部一体化在线政务服务平台等系统中全面开展数字证书应用，用户已覆盖全国所有区县，累计完成数字签名13亿次，保障了教育数据的真实性、完整性、机密性和抗抵赖性；按照国家密码管理局的统一部署，启动教育密码应用试点专项，在教育系统普及推广密码应用。

第四节　部分地方教育管理信息系统建设与应用情况

一、黑龙江省2020年教育管理信息化发展情况

（一）教育信息化技术服务和保障能力得到加强

（1）在疫情防控期间完成各项工作。充分利用钉钉、腾讯会议等系统，完成全省师生疫情防控数据统计、上报工作，组织召开视频会议120多场次，完成教师系统CA证书应用等省级培训30多场次，对教师信息化技术展开线上培训。

（2）不断完善电子政务服务工作。为提高政务服务工作水平，主管政务的厅长带领信息化相关人员到广东省参观学习，找到了差距，并积极整改，开发中小学学籍查询和民办教育服务系统；此外，主动和黑龙江省营商环境建设监督局联系商讨，制定教育数据标准，规范交换接口，建立教育大数据共享目录，确定下一步工作目标。

（3）确保网络安全，逐步提升教育大数据治理能力。在教育部的统一组织下，黑龙江省完成了网络安全攻防演练和异地灾备演练，对省厅重要信息系统进行了三级等保测评，对教育行业的网络安全工作进行督促和检查，积极开展网络安全宣传活动，开展网络安全培训工作；在确保数据安全的基础上，充分利用国家教育管理信息系统中的学生和教师数据，结合教育事业统计指标，开发本省教育地图系统，利用直观的教育数据统计分析，为行政部门科学规划提供有力支撑。

（二）制定《黑龙江省教育厅"互联网+教育"攻坚行动方案》

为深入贯彻落实国家"以教育信息化带动教育现代化"发展战略，响应《教育信息化2.0行动计划》和《中国教育现代化2035》等系列政策文件要求，围绕教育改革发展中心任务，完善教育管理信息化顶层设计，全面提高利用大数据支撑保障教育管理、决策和公共服务的能力，实现教育政务信息系统全面整合和政务信息资源开放共享，加快信息化时代教育变革，推进教育治理方式变革，加快形成现代化的教育管理与监测体系，推进管理精准化和决策科学化，黑龙江省教育厅组织本省教育信息化专家团队制定《黑龙江省教育厅"互联网+教育"攻坚行动方案》，为本省教育信息化发展指明了方向。

二、吉林省2020年教育管理信息化发展情况

（一）网络安全方面

（1）组建攻守队伍参加教育部组织的网络安全演练。

（2）通过教育行业信息技术工作管理平台安全监测预警子系统完成省内各教育机构75起信息安全漏洞事件的处置上报工作，完成重点保障时段"网络安全报平安"工作。

（3）完成2020年教育部网络安全综合治理考核工作。

（4）按照网络安全等级保护制度2.0标准对10个国家级及省级系统进行了

三级等级保护测评工作。

（5）印发了《吉林省教育厅机关和直属事业单位数据安全管理办法》《吉林省教育系统网络监测预警通报制度（试行）》，组织开展全省教育系统党委（党组）网络安全责任制考核。

（二）教育数据中心建设方面

投入1 400余万元对吉林省教育数据中心进行了全面升级改造。具体包括：吉林省教育数据中心基础环境升级改造；补充教育管理公共服务平台安全保障设施；增强虚拟化平台扩充系统支撑能力，部署新增的教育事业发展趋势监管平台、省级统一公共支撑平台、省级教育管理服务门户系统等；新建教育事业发展趋势监管平台、儿童青少年视力健康管理信息系统、农村义务教育阶段学校特设岗位教师管理信息系统、普通高中教育教学管理信息平台等。

三、江苏省2020年教育管理信息化发展情况

一是教育管理信息化基础支撑能力日益完善。构建了省教育管理信息化服务平台、大数据动态综合展示平台、教育基础数据库、基础数据交换体系，基本建成"一库一门户、一体系一平台"的教育管理信息化架构，国家级和省级核心管理信息系统实现了统一门户、统一登录，全省各级各类学校实现了"一校一码""一人一号"。

二是"互联网+监管"能力显著提升。立足解决教育领域人民群众反映强烈的突出问题，建成阳光食堂平台、校外培训机构平台、阳光招生平台等"互联网+监管"平台。阳光食堂平台覆盖全省1.5万余所中小学，监管学生伙食资金每年超过300亿元；校外培训机构平台向社会发布针对中小学生的校外培训机构白名单7 881家；阳光招生平台为全省6 763所公办、民办义务教育学校招生181万名，真正将"公民同招"落到实处。

三是"互联网+政务"服务更加高效。建成全省教育协同办公平台，提高

了电子政务的信息化水平；基于纵向互联、横向互通的数据共享交换体系，向社会公众提供中小学生学籍、教师资格认定、学校（机构）代码查询等"一站式"便民服务，做到让数据多跑路、群众少跑腿。

四是教育大数据应用成效明显。加强大数据归集统计分析能力，实现对教育概况、教育热点、转学迁移监测等数据的可视化展示，并在破解学生精准资助、教育资源缺口预测、校园安全态势感知等方面进行有益尝试，初步构建了精准化、科学化、智能化的教育治理信息化保障体系，加快了教育治理体系和治理能力现代化进程。

四、湖北省2020年教育管理信息化发展情况

一是开展分类指导，搭建服务平台。人教版电子教材下载平台的访问量3 038万人次，电子教材的浏览量1.67亿人次；研发制作"线上教学技能专项研修"和"班主任线上德育专项研修"两个专题近40节精品课，被教育部疫情防控期间支持教师在线教学能力培训资源包收录，全国浏览量达37万人次；组织开展中小学教师专项在线教学能力线上免费培训，培训中小学教师11万人次。

二是做好各学段学籍系统的日常管理和组织协调工作。完成2020年度全省义务教育阶段学生119万人（小学新生61万人，初中新生58万人）的秋季学期注册和数据入库工作；完成全省2020级普通高中入学新生31万余人的注册工作，完成全省2020届普通高中27万余名毕业生档案和毕业证数据锁定工作；推进高考综合改革教学管理服务平台建设。

三是做好重点问题专题研究，服务教育决策。开展大数据分析，为教育管理和科学决策提供辅助依据，发布《湖北省基础教育信息化发展评价报告（2019年）》《湖北省义务教育学校大班额情况分析报告》《全省中小学教师队伍发展现状报告（2019年）》。"教育管理大数据治理与智能服务关键技术及应用"获湖北省科学技术进步奖二等奖。

四是指导全省教育系统网络安全工作。全年发现并通报全省教育系统网络安全风险1 010起，较上年减少34%，按期整改率100%；发布《全省教育系统网络安全情况周报（试行）》52期；重点保障"停课不停学"教学平台安全稳定，完成69天24小时"战时"值班值守和网络安全日报保障工作；举办2020年全省教育系统网络安全培训班，全省市州、高校和教育厅直属单位300余人参加培训。

五、湖南省2020年教育管理信息化发展情况

一是保障近20个教育管理信息系统稳定运行。处理中小学学生毕业、升学及各类学籍异动信息100余万条，清理全省中职毕业生数据库和学校基本信息353万条，完成在园幼儿学籍注册信息16.78万条，开展各类培训2 000余人次，完成湖南省教育精准扶贫"一单式"信息服务系统功能升级。湖南省教育厅信息中心获全省事业单位脱贫攻坚专项奖励集体"记大功"荣誉。

二是做好湖南教育大平台及湖南教育APP（智能手机的第三方应用程序）建设与应用。整合上线28项教育服务，展示42个教育管理信息系统和2015—2019年全省教育概况数据图表，实现11个系统统一用户。新冠肺炎疫情期间，全省2 000多所各级各类学校、超过400万名师生使用湖南教育大平台和"湖南教育"客户端的教育教学服务；"我是接班人"网络大课堂专题应用平台总课时超过3 000分钟。

三是芙蓉学校网络联校已接入109所学校。建立统一的资源目录体系，实现对各级各类教育资源目录的归集与管理；实现了全省网络联校集约化管理。

四是开发疫情信息上报系统。湖南省教育厅信息中心仅用4天时间就紧急开发完成全省教育系统新冠肺炎疫情信息上报系统。

六、重庆市2020年教育管理信息化发展情况

一是基础条件不断夯实。推动落实教育"云长制"，建成"渝教云"教

育信息化综合服务平台，初步实现国家级、市级23个教育信息系统的用户集成、资源汇聚，市级教育信息系统迁移上云比例达95%，内部整合比例达75%。建成骨干节点间带宽达40 Gbps、区县上联带宽为10 Gbps的"重庆教育宽带网"，38个区县建成教育城域网，学校宽带网络接入率达100%，出口带宽全部达到100 Mbps以上。全市中小学共建有多媒体教室9.41万间，占比达93.6%。

二是应用水平明显提升。大力推进教育管理、资源公共服务平台普及应用，提升平台运维水平，为新冠肺炎疫情期间全市师生"停课不停学"提供支撑。开展市级智慧教育应用示范区县、智慧校园建设示范学校创建工作，全市7个区县、350所学校加入建设行列。推进教育网络学习空间应用，2个区县入选教育部网络学习空间应用普及活动优秀区域，8所学校获评教育部网络学习空间应用普及活动优秀学校，全市"互联网+教育"发展情况被教育部官网深度报道。

三是保障举措成效显著。组织举办教育信息化管理干部专题培训和智慧校园建设现场推进会，有力促进全市教育信息化工作。举办网络安全宣传周校园日活动，累计参与者突破600万人次。加强教育网络安全防护，全年发布网络安全预警18次，组织参与教育部网络安全攻防演习，成功抵御各类攻击5 500余次，获评2020年教育系统网络安全攻防演习优秀单位。

七、广西壮族自治区2020年教育管理信息化发展情况

一是着力推进教育信息化基础设施建设。推进教育网建设，完成广西教育网项目立项审批材料编制和教育网骨干网项目招标采购。以广西教育数据中心建设和应用为目标，推进广西教育公共服务平台建设，完成广西教育公共服务平台项目招标采购工作。

二是大力推进教育管理信息化系统建设与应用。推进广西自建信息系统集中部署、管理和运维。推进开展广西普通高中学生综合素质评价管理信息系

统、中小学校舍管理信息系统、责任督学管理信息系统等系统的试点应用。

三是提升教育管理信息化支撑政务数据服务能力。广西教育数据中心通过数字广西建设领导小组关于非涉密自建数据中心和非涉密业务专网认定，非涉密信息系统迁移上云率为100%。多个业务办理系统对接广西政务一体化平台，支撑中小学教师资格认定等6项政务服务事项。

四是提升教育网络安全保障能力。广西教育数据中心管理运维进一步改进，全年安全稳定运行，严格落实网络安全等级保护测评、整改工作。推进广西教育网络安全态势感知和安全预警信息系统、教育信息化终端应用管理和安全态势感知管理信息系统试点应用。

八、青海省2020年教育管理信息化发展情况

一是更新升级青海控辍保学APP，开发学校出省未返回人员信息平台等数据应用平台，为控辍保学、教育扶贫、疫情防控等提供数据支撑保障。

二是制定印发了《青海省教育系统党委（党组）网络安全责任制落实考核评价办法》，修订完善相关的制度及管理办法，开展教育信息系统安全等级保护测评和安全保密检查。

第五节 地市、区县教育行政部门管理信息化发展情况

一、资源与应用

截至2020年底，我国地市、区县教育行政部门基础数据的主要来源如图7-1所示。超过73%的地市、区县教育行政部门的基础数据来源于本级业务系统采集。

第七章 教育管理信息化发展状况

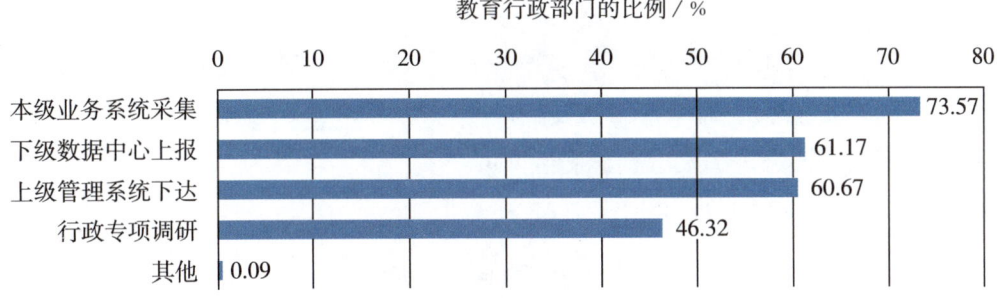

图 7-1 基础数据的主要来源

截至2020年底，我国地市、区县教育行政部门最常使用的公共应用信息系统如图7-2所示。超过60%的地市、区县教育行政部门使用网络视频会议系统、财务管理系统、内部公文流转系统、信息发布与管理系统。

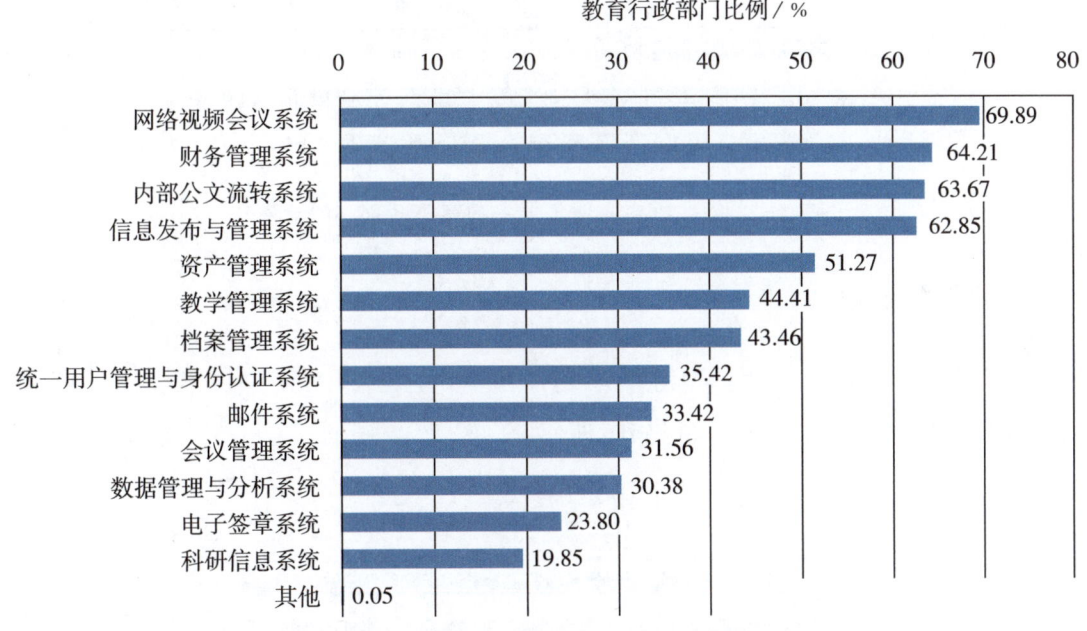

图 7-2 最常使用的公共应用信息系统

二、基础设施

截至2020年底，我国地市、区县区域教育城域网建设情况如图7-3所示。超过57%的地市、区县教育行政部门已建设区域教育城域网，超过13%的地市、区县教育行政部门正在建设区域教育城域网。

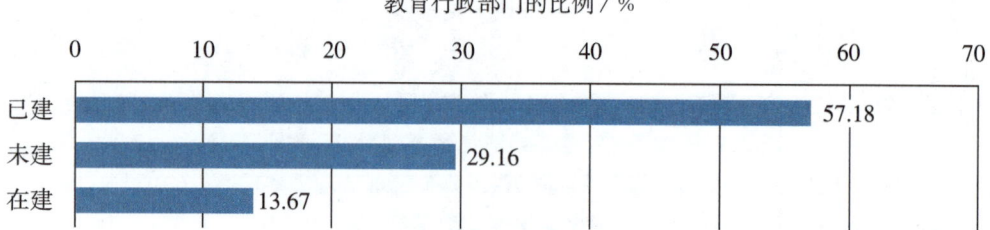

图 7-3　区域教育城域网建设情况

截至2020年底，我国地市、区县教育行政部门拥有数据中心服务器的情况如图7-4所示。拥有数据中心服务器的地市教育行政部门超过81%，拥有数据中心服务器的区县教育行政部门超过84%，较2019年有较大增长。

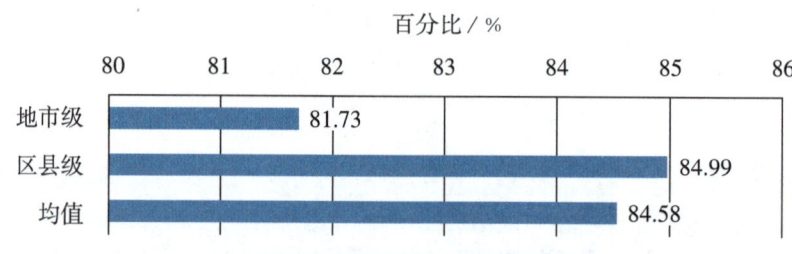

图 7-4　拥有数据中心服务器的教育行政部门的比例

三、保障机制

截至2020年底，我国地市、区县教育行政部门最近一年教育信息化经费支出占教育总经费支出的比例如图7-5所示。

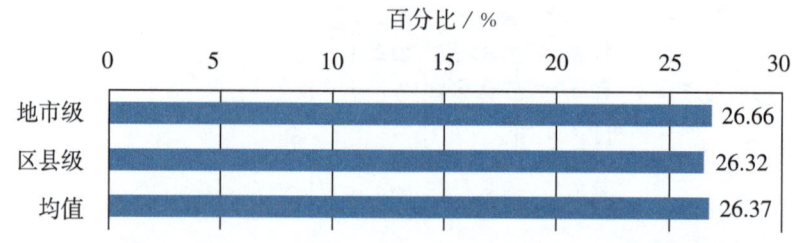

图 7-5　最近一年教育信息化经费支出占教育总经费支出的比例

截至2020年底，我国地市、区县教育行政部门最近一年对本地区进行教育信息化评估的方式如图7-6所示。超过72%的地市、区县教育行政部门对本地区进行教育信息化评估的方式是督导评估。

第七章 教育管理信息化发展状况

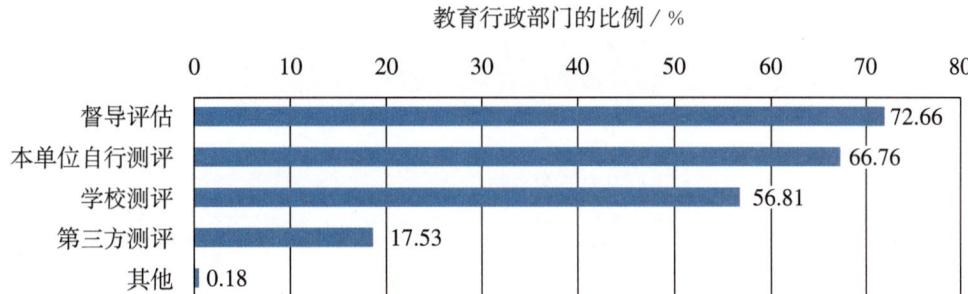

图 7-6 对本地区教育信息化评估的方式

第八章
教育信息化公共支撑环境

第八章 教育信息化公共支撑环境

第一节 教育信息化网络支撑环境

一、各级各类学校网络环境发展现状

（一）网络环境

1. 宽带网络

截至2020年底，全国各教育阶段实现互联网接入的学校比例均超过99%。具体情况如图8-1所示。宽带网络接入渠道主要为中国电信网、中国移动网、中国联通网、中国教育和科研计算机网、区域教育城域网。

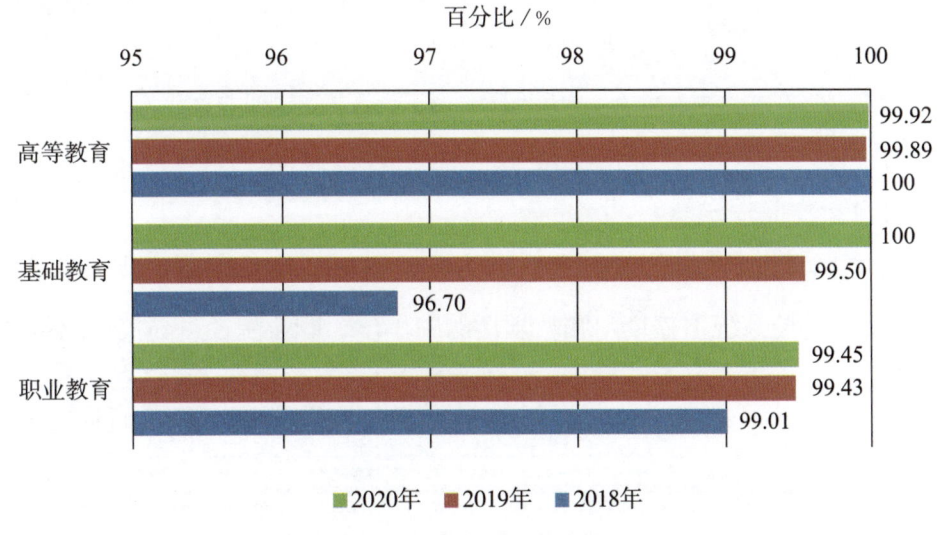

图8-1 各教育阶段实现互联网接入的学校比例

2. 无线网络

截至2020年底，我国各级各类学校无线网络的覆盖情况如图 8-2所示。高校部署的无线网络覆盖全部教学区和全部办公区的比例最高，超过78%。

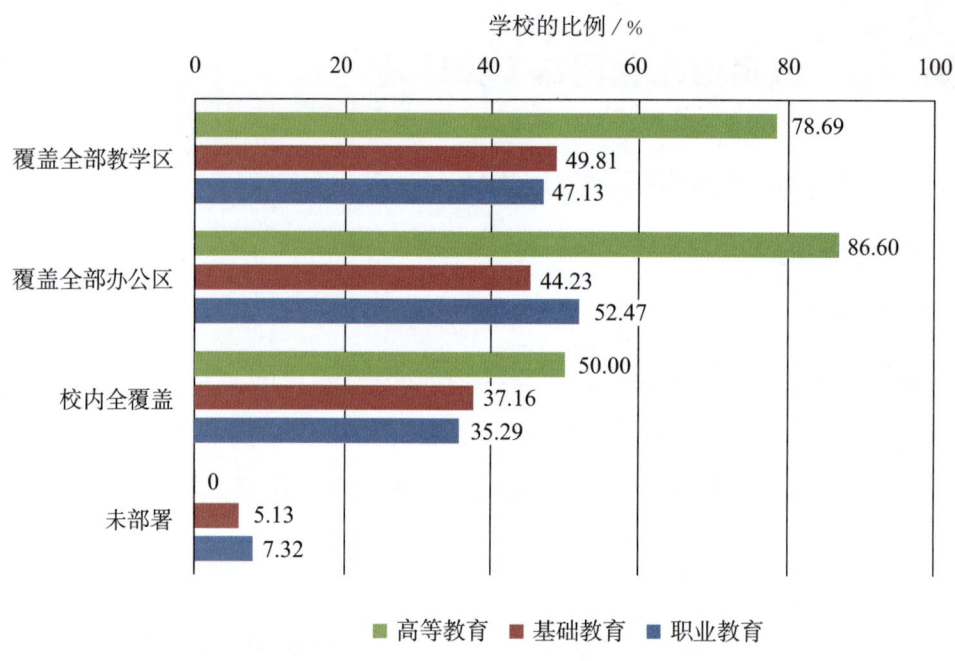

图 8-2　各教育阶段无线网覆盖情况

3. 校园安全监控系统

截至 2020 年底,我国各级各类学校的校园安全监控系统覆盖范围如图 8-3 所示。校园安全监控系统覆盖校门和教学楼的中小学、职业院校、高校均超过 89%。

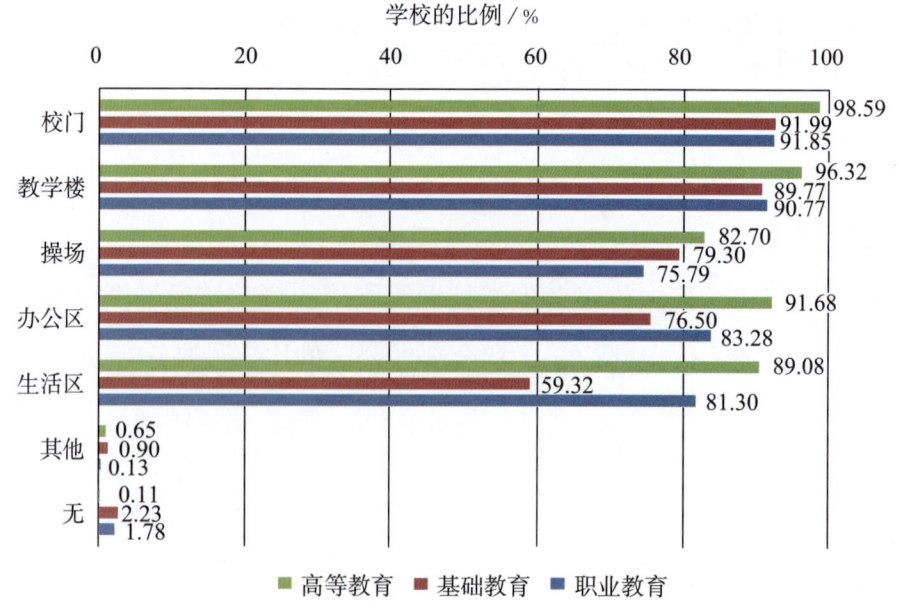

图 8-3　各教育阶段校园安全监控系统的覆盖范围

（二）接入三大网络运营商的情况

截至2020年底，我国高校接入中国电信网、中国移动网和中国联通网的比例均高于职业院校和中小学，中国电信网在各级各类学校中部署的比例相对较高。具体情况如图8-4、图8-5、图8-6所示。

1. 接入中国电信网

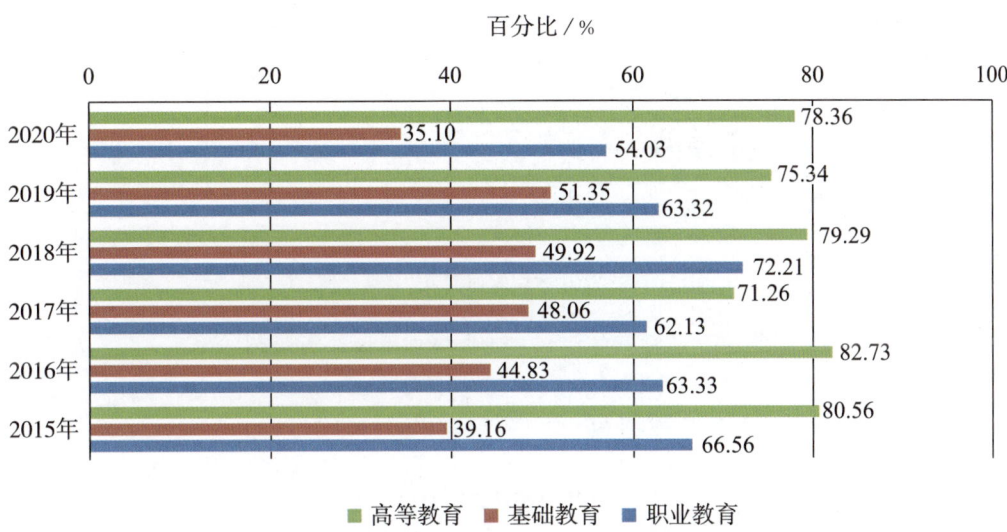

图8-4　各教育阶段接入中国电信网的学校比例

2. 接入中国移动网

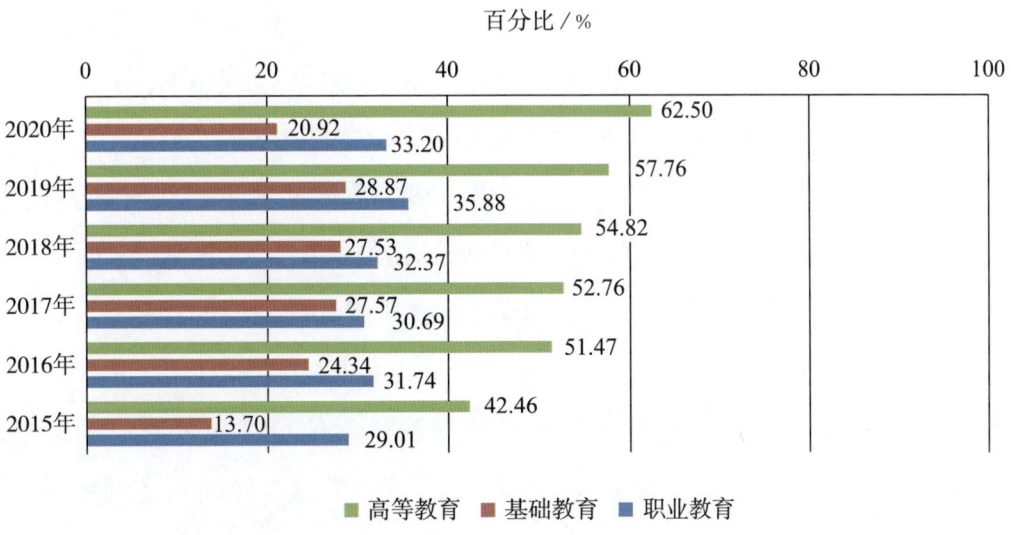

图8-5　各教育阶段接入中国移动网的学校比例

3. 接入中国联通网

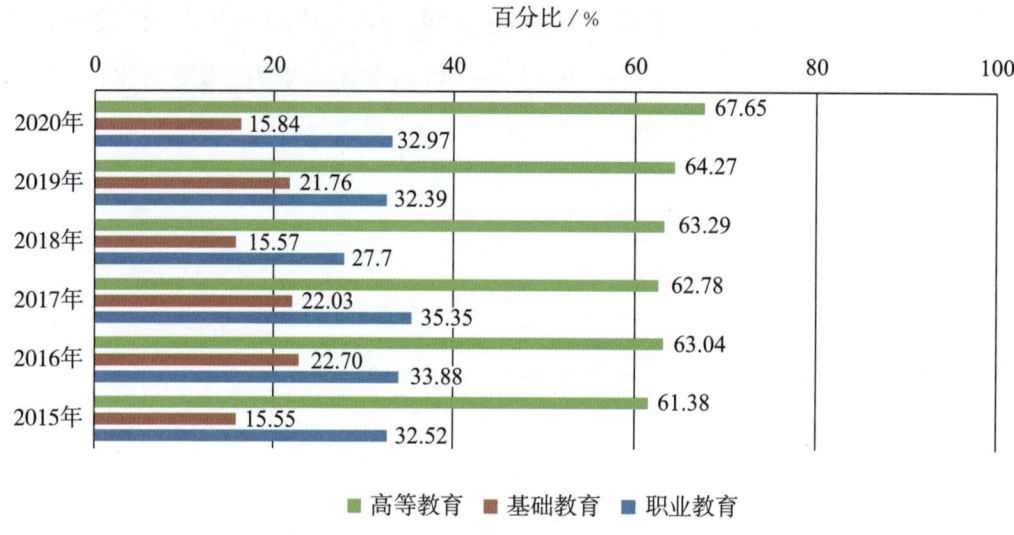

图8-6 各教育阶段接入中国联通网的学校比例

二、中国教育和科研计算机网

中国教育和科研计算机网（CERNET）始建于1994年，是由国家投资建设、教育部负责管理、清华大学等高校承担建设和运行的全国学术计算机互联网络，是国内拥有国际出口权的大型互联网主干网之一。

2003年以来，CERNET联合清华大学等100多所高校参加了由国务院批准、国家发展改革委等八部委联合组织的中国下一代互联网示范工程（CNGI），建成了CNGI中规模最大的核心网CNGI-CERNET2/6IX，在下一代互联网关键技术领域取得了若干重要突破，成为我国研究下一代互联网技术、开发重大应用、推动下一代互联网产业发展的重要基础试验设施。

（一）在新冠肺炎疫情防控中发挥国家教育科研基础设施的作用

（1）保障CERNET国内外互联互通。重点保障CERNET和CERNET2主干网的国内外高质量互联互通，确保成为在线教学信息高速公路。紧急推动CERNET与三大运营商在国内重点城市的互联带宽扩容，使网间访问质量获得了极大改善。成立了CERNET网络安全保障组，提出"抗大流量冲击、抗入侵摧毁打击、抗突发事件保稳定"的安全运行要求。

（2）免费升级用户接入带宽。实施"简化申请程序、合理增加带宽、快速完成调整、增加带宽免费"的办法，免费为用户单位调整接入带宽。疫情期间，CERNET网络中心协同赛尔公司的用户服务体系，为480个接入用户升级225 Gbps带宽；保障了多所高校的重要教学活动，支援多所高校的紧急故障处理；实现网络优化操作79次。

（3）加急处理网络安全管理需求。严格遵守国家法律法规，确保疫情期间主干网和用户单位的网络安全运行管理，加急处理各用户单位提出的域名注册、ICP（因特网内容提供者）备案、IP地址（网际协议地址）申请等网络安全管理需求。

（4）部署大规模视频会议平台。在疫情期间快速部署大规模视频会议平台，为高校在线教学与学术科研提供视频会议服务。CERNET与ZOOM合作推出zoom.edu.cn视频会议服务，疫情期间服务CERNET用户，免收费，不限时长，支持高并发量，并可随时扩容，提供技术和用户服务保障。

（5）提供CARSI学术资源共享服务。为满足广大高校疫情防控期间的科研需要，CERNET升级完善了CERNET联邦认证和资源共享基础设施（CARSI）。特别简化了高校和服务提供商的申请流程，提升申请和开通服务的速度，帮助学校快速完成服务调试和上线。

（二）CERNET主干网建设和运行情况

CERNET主干网带宽为10 Gbps—100 Gbps，总带宽达到3.15 Tbps以上。截至2020年底，CERNET接入高校1 946所，用户2 000万个以上。CERNET主干网总流量达到1 503 Gbps，相比2019年，增幅达到30%。EDU.CN域名系统运行正常，子域名达到6 416个，广东省成为首个所有高等学校全部使用EDU.CN域名的地区。

2020年，CERNET继续加强高性能网络管理和安全保障系统建设，提高CERNET联网用户路由信息的安全性，保证CERNET主干网的安全、稳定、可靠运行。为了配合国家对域名服务治理的要求，对CERNET接入用户的域名递归服务进行了全面安全检查，及时采取有效措施消除了潜在的安全隐患。同时，根据工业和信息化部ICP备案的管理规定，要求使用CERNET IP地址的ICP必须备案，对未按要求备案的ICP，实行先封网后通知处置。

2020年，受新冠肺炎疫情影响，教育部视频会议需求剧增，全年召开不同规模的视频会议达100多次，CERNET圆满完成教育部视频会议系统的网络保障服务。

（三）CERNET2主干网建设和运行情况

2020年，CERNET2二期项目通过教育部组织的验收，升级后的CERNET2主干网采用纯IPv6技术，核心节点从26个增加到41个，覆盖的省、自治区、直辖市从20个扩展到31个，主干带宽从2.5 Gbps/10 Gbps升级到100 Gbps，主干网总带宽从127.5 Gbps升级到4 130 Gbps。41个核心节点所在学校校园网全部完成IPv6升级，各校IPv4/IPv6双栈校园网的覆盖率达到98%，门户网站的IPv6可访问率为100%。

2020年，CERNET会员单位IPv6接入全面覆盖。CERNET2主干网IPv6总流量达到235 Gbps，相比2019年有较大增幅。

（四）CERNET互联互通状况

CERNET网络中心是国务院批准享有国际出口权的互联网单位。2020年，CERNET与三大运营商网络的IPv4互联互通带宽从年初的428.5 Gbps升级到562.5 Gbps，CERNET与三大运营商网络的访问质量获得了极大改善；在11个互联互通节点建立了IPv6互联，互联带宽总计282.5 Gbps，占互联互通总带宽的50%。CERNET开通北京至香港100 Gbps线路。CERNET与国际下一代互联网的互联带宽达到350 Gbps。

（五）支撑教育科研应用

2020年，CERNET在服务科研方面取得新突破。除了快速部署CARSI学术资源共享服务，使高校师生在家就可以开展科学研究活动外，积极推进国家高性能计算资源高速互联互通和资源共享，国家超级计算广州中心10 Gbps接入CERNET2-IPv6网络，国家超级计算长沙中心签订了100 Gbps接入CERNET2-IPv6网络的合作协议。

（六）CERNET技术创新

2020年，由清华大学牵头，中国电信集团有限公司、华为技术有限公司和新华三技术有限公司共同合作完成的"下一代互联网真实源地址验证体系结构、关键技术与规模化应用"项目获得中国电子学会科学技术奖特等奖。

三、中国教育卫星宽带传输网

（一）CEBsat基本情况

2000年10月，由国家财政投资、中国教育电视台负责建设并完成的中国教育卫星宽带传输网（CEBsat）正式开通。CEBsat为广大基层单位、边远贫困地区、少数民族地区提供了优质教育资源和信息服务，对于服务党和国家的中心工作具有重要意义，特别是在推进中组部全国党员远程教育工程、文化部文化共享工程、教育部全国中小学教育信息化工程、部队"蓝网工程""绿网工程"、国家开放大学八一学院士官远程教育项目、新疆和甘肃远程教育项目等方面，发挥了重要的作用。CEBsat为IP数据广播，主要有三种应用方式：IP流媒体、IP课件、IP信息。

（二）CEBsat资源播出情况

2020年，CEBsat播出IP数据5 200 GB，累计14 840个文件，IP数据频道累计播出传输约4.3万小时（不包含CETV1、CETV2、空中课堂的教育电视节目）。这些优质教育资源送往广大中西部及农村偏远地区，提升了我国欠发达地区教育质量，有助于缩小数字鸿沟、促进教育公平。

（三）CEBsat的应用情况

1. 在全国党员干部现代远程教育工程中的应用情况

CEBsat承载着全国党员干部现代远程教育主前端播出平台播出传输任务。

截至2020年底，全国已建成31个省级资源库与辅助教学网站，70余万个终端站点，覆盖全国99.6%的乡镇村。

2020年，全国党员干部现代远程教育主前端播出平台实现每天24小时播出，完成节目播出共8 760小时，同时完成审查、制作、上载课件和流媒体文件近2万个，约5 300 GB，播出IP流媒体节目近11万小时。

2. 在"国培计划"远程培训中的应用情况

2020年是"中小学教师国家级培训计划"（简称"国培计划"）实施十周年。中国教育电视台作为教育部遴选的培训单位，积极利用教育信息化平台资源，服务于"国培计划"远程培训。十年来，中国教育电视台培训教师范围覆盖25个省（自治区、直辖市），通过线下集中培训、远程培训和混合式研修，共计培训学员超过350万人次。

四、讲好教育抗疫故事，打造国家基础教育主平台

2020年初，面对突如其来的新冠肺炎疫情，按照教育部党组部署要求，在教育部应对疫情工作领导小组的指导下，中国教育电视台第一时间启动应急预案，举全台之力投入疫情防控阻击战。作为唯一的国家级专业电视台，中国教育电视台立足教育定位，发挥专业媒体优势，在教育部的统一部署下，及时推出《同上一堂课》，增加高品质内容的生产、整合、调度、供给，实现四频道直播卫星传输和有线电视网全覆盖，让更多学生特别是偏远地区学生共享优质教育资源。中国教育电视台四频道《同上一堂课》开播以来，频道收视率上升539%。国务院和教育部党组充分肯定《同上一堂课》在"停课不停学"战疫中的重要作用，教育部基础教育司把《同上一堂课》列为国家中小学课程资源平台。

（一）电视直播课堂，集中上线优质教育资源

为进一步满足"停课不停教、停课不停学"的需要，2020年2月10日，中国教育电视台四频道推出《同上一堂课·直播课堂》之"高考知识辅导"，为2020年即将参加高考的学生提供语文、数学、外语、物理、化学、生物、历史、地理、思想政治等全学科知识重点串讲。

按照教育部部署要求，自2020年2月17日开始，《同上一堂课·直播课堂》正式播出，周一至周五，连续90天每天7小时，直播40 710分钟，创造了中国电视史上直播新纪录。课程服务于全国1.8亿名中小学生，特别是网络欠发达地区的1.44亿名农村家庭学生的居家学习。8时至12时，清华附小的骨干教师为全国各地一至六年级小学生进行小学课程直播，讲解重要知识点和学习方法。14时至17时，人大附中、北京四中、北京师大二附中、北京五中、清华附中等学校骨干教师为即将参加中高考的学生进行中高考知识串讲直播。每天还有数小时的人文历史、科学防护、生命教育等相关节目，为居家学习的学生提供丰富多彩的文化食粮。《同上一堂课·直播课堂》用14周的时间，全部完成小学春季学期重点学科的教学任务和中高考考前知识辅导。293位优秀中小学教师走进直播课堂，讲授997节课。

2020年6月29日，中国教育电视台集结全国20所名校名师，推出《同上一堂课·名师课堂》线上直播。2020年9月1日开始，空中课堂频道依据全国主要版本教材继续制作播出小学义务教育阶段全学段《同上一堂课》秋季课程。包括初三、高三备考总复习，《同上一堂课》2020年春季、秋季累计授课3 785节，总时长超过10万分钟，共计48所学校1 500名教师参与直录播工作。2020年，《同上一堂课》获国家广播电视总局智慧广电生态建设类优秀奖。

（二）实现直播卫星和有线电视网全覆盖，助力教育脱贫攻坚

《同上一堂课·直播课堂》推出后，随即面临疫情条件下优质课程资源如何让更多渴望学习的学生，特别是网络欠发达的偏远地区学生共享资源的问题。2020年2月10日，经教育部紧急商请国家广播电视总局，空中课堂频道在国家广播电视总局直播卫星平台正式上星播出。2月16日，《国家广播电视总局办公厅关于做好中国教育电视台空中课堂频道接收传送工作的通知》发布，空中课堂频道进入全国有线电视网络。目前，《同上一堂课·直播课堂》通过有线电视网络、交互式网络电视平台、直播卫星等传播渠道，覆盖全国

31个省（自治区、直辖市）。2020年秋季学期起，在教育部基础教育司的统筹指导下，中国教育电视台为52个贫困县的教学点近1.2万间教室配置直播卫星接收设备，服务于近20万名农村小学生和2万名乡村教师。

第二节 国家数字教育资源公共服务体系

一、建设与应用情况

（一）省级体系统筹规划情况

各地进一步完善由教育行政部门或学校认定网络学习空间的建设机制，全国所有省（自治区、直辖市）均已完成省级平台规划。

（二）平台建设及接入情况

国家教育资源公共服务平台持续优化升级，为规划使用国家平台和未建设平台的区域提供兜底服务，保障国家空间应用和资源服务全覆盖。国家平台已累计开通教师空间1 396万个，学生空间689万个，家长空间595万个。

截至2020年底，国家数字教育资源公共服务体系已接入各级平台212个，省级平台实现全覆盖。接入国家体系的各级平台在体系内已进行实名认证的用户累计达2 070万个。

（三）资源汇聚情况

2020年，完成国家数字教育资源公共服务体系资源汇聚的应用服务商增加了20家，完成技术对接并上架的应用增加了73个。应用选用后通过体系内各平台为师生、学校提供教育教学、教育管理等方面的服务，内容涉及备课授课、互动课堂、网络课程、网络教研、作业评测等。

（四）体系应用情况

依托体系枢纽，国家资源、地方资源和社会资源逐步得到广泛应用。截至2020年底，体系资源下载量达2.38亿次，浏览量达0.95亿人次。

二、体系联盟工作情况

2019年12月18日，国家数字教育资源公共服务体系联盟成立大会召开。2020年初，该联盟主要号召、推动联盟成员支持"停课不停学"。2020年8—12月，根据《教育部关于加强"三个课堂"应用的指导意见》，该联盟会同《中国电化教育》杂志社分别在江西省南昌市、河南省开封市、湖南省长沙市、吉林省吉林市举办了四场省域内的交流研讨会和专题培训，在陕西省西安市举办了一场全国范围的交流研讨会。

第三节 教育信息化标准体系

一、教育信息化标准概况

（一）标准委员会组织及运行情况

截至2020年底，教育部教育信息化技术标准委员会（Chinese E-Learning Technology Standardization Committee，简称CELTSC；批准成为全国信息技术标准化技术委员会教育技术分技术委员会）包括54名专家委员，其中1名主任委员，3名副主任委员，1名秘书长，4名副秘书长，秘书处设在清华大学。CELTSC下设16个工作组/研究组，每个工作组/研究组设有召集人。

CELTSC每年召开全体工作会议，确定教育信息化本年度和下一年度的标准研制项目规划，商定国际标准工作策略与方向。各工作组/研究组由召集人全年不定期召开研讨会，针对本工作组/研究组负责起草的标准开展研讨与推广应用活动。秘书处负责组织全体工作会议。

（二）教育信息化标准分类及工作进展

1. 教育信息化标准分类

CELTSC旨在制定各级各类教育信息化标准。教育信息化标准分为两大类：领域应用标准和共性基础标准。领域应用标准包括应用于基础教育、职业教育、高等教育、继续教育及教师培训等相关领域中的教育信息化标准。共性基础标准包括与教育信息化相关的教育资源标准、教育管理标准、共性技术标准以及公共支撑环境标准。

2. 教育信息化标准化工作进展

截至2020年底，CELTSC已发布国家标准52项、教育行业标准12项、信息化行业标准2项；在研国家标准1项，在研教育信息化行业标准预研项目85项。

2020年6月，受新冠肺炎疫情影响，CELTSC通过视频会议系统召开全体工作会议，各研究组/工作组的召集人向全体委员汇报标准研制进展。全体工作会议还召集教育信息化专家、学者和企业代表共同探讨疫情下在线教育相关标准规范的研制与规划。

2020年9月14—25日，CELTSC秘书处组织中国9位专家参加通过视频会议系统召开的ISO/IEC JTC1/SC36第33届全体会议及工作组会议，探讨在线课程、智能技术教育应用、个性化访问、学习分析等方面的标准研制进展。本次会议上成立了ISO/IEC JTC1/SC36 WG9在线课程工作组，并由中国专家担任召集人。

2020年10月，CELTSC在广东深圳召开教育信息化标准体系规划研讨会，对"三个课堂"、在线教育、在线教学等相关领域的标准规划开展研讨。

2020年11月，CELTSC在海南三亚学院召开全体会议暨CELTSC成立20周年表彰大会。会议同期举办了以"技术·未来·标准"为主题的教育信息化技术标准发展论坛，105位从事教育信息化标准研制示范应用的专家、学者和企业代表共同研讨标准工作进展，互通国内外教育信息化发展动态与趋势，分享区块链、大数据、物联网等在教育信息化实践中的应用，探讨数字校园、在线课程、数字教材、在线教育及国产自主教育操作系统的标准研制方向等。

2020年，CELTSC在教育部科学技术司的指导下，组织来自26家单位的82位专家，召集数字校园建设的产、学、研、用等各方力量，基于高等学校信息化发展方向和数字校园建设实践总结，共同研制完成了《高等学校数字校园建设规范（试行）》，以指导全国高校数字校园和智慧校园建设。

2020年，CELTSC还积极探索"以测促用"的标准应用实施策略，在在线教育、青少年编程教育等领域进行标准试点与测评，联合认证机构进行在线教育服务认证，为CELTSC单位委员进行在线教育服务提升计划，并成功辅导4家在线教育机构获得全国在线教育服务认证第一批5A级认证证书。

二、标准化应用推广工作

（一）标准化宣传会议

2020年标准化宣传会议见表8-1。

表8-1　2020年标准化宣传会议

序号	时间	地点	会议名称	会议讨论内容
1	3月28日	在线	"在线教育理论与实践"专题网络研讨会	在线教育面临的挑战与应对策略、疫情期间的在线教与学、疫情背景下居家在线学习支持服务策略、在线教育服务质量要点探讨、在线直播教学经验分享、在线基础编程教育中的课程设计资源共享与双师模式、智慧教育研究与实践背景下线上教学探索、疫情与远程教育背后的个人隐私安全思考
2	4月5日	北京	在线教育发展论坛	中国互联网学习研究启示及疫情推动的在线学习发展趋势、5G教育应用，智慧教学工具，纸笔数字化解决方案，网络基础设施支撑疫情期间与今后的在线教育、在线考试、网信安全
3	5月8日	在线	在线教育创新论坛	教育信息化中的标准化需求研讨、基于5G的教育信息化建设和人才培养、信息化环境中的视听健康设计、华为云视频一站式服务平台

续表

序号	时间	地点	会议名称	会议讨论内容
4	6月20日	在线	全国信息技术标准化技术委员会教育技术分技术委员会（暨教育部教育信息化技术标准委员会）全体工作会议	教育信息化国家标准和行业标准研制现状、进展，在线教育标准需求，教育信息化国际标准研制进展
5	9月25日	广州	高校信息化数据管理论坛	高校数据资产管理、数据治理、数据驱动的智慧校园建设，业务驱动的数据治理工作实践
6	10月17—18日	深圳	第十一届数字校园建设与创新发展高峰论坛	突发公共卫生事件与在线教育
7	10月17—18日	深圳	在线教育教学标准研讨会	标准体系与工作计划
8	11月8日	长沙	高等学校信息化"十四五"规划暨智慧校园建设研讨会	高校"十四五"规划新起点、智慧化教学环境建设、网络基础设施的融合化发展等
9	11月27—29日	三亚	全国信息技术标准化技术委员会教育技术分技术委员会（暨教育部教育信息化技术标准委员会）全体工作会议	区块链、大数据、物联网等在教育信息化实践中的应用，数字校园、在线课程、数字教材、在线教育及国产自主教育操作系统的标准研制方向

（二）标准化应用评测推广示范工作

CELTSC继续对《在线教育服务认证要求》《青少年编程能力等级》等开展测评工作。

（三）标准应用与联合研究

CELTSC积极推动教育信息化领域的标准应用与联合研究工作，如参与国家标准化管理委员会、国家标准技术审评中心的标准立项及评估工作，参与完成2020年中共中央组织部"干部网络培训"系列国家标准的制定，参与完成教育部2020年教育信息化标准工作总结及规划，组织专家开展教育信息化标准体系规划研究工作。

三、教育信息化国际标准化工作状况

（一）国际标准化工作总体情况

与CELTSC对口的国际标准化组织为国际标准组织（ISO）和国际电工委员会（IEC）共建的联合技术委员会（JTC1）下的第36分技术委员会，即ISO/IEC JTC1/SC36。ISO/IEC JTC1/SC36下设6个工作组、1个新兴技术咨询组、1个在线课程标准研究组、1个数据质量临时研究组和1个代表团团长咨询组，已正式发布了51项教育信息化国际标准。

中国是ISO/IEC JTC1/SC36的正式成员国。CELTSC受国家标准化管理委员会、全国信息技术标准化技术委员会委托，作为中国国家代表团，参与国际标准研制工作。2020年，CELTSC完成19项国际标准的投票工作，完成12项国际标准向国内标准的转化工作；我国提出并且主导制定的4项国际标准ISO/IEC 24725-1、ISO/IEC 24725-3、ISO/IEC TR 18120、ISO/IEC TR 18121正式发布。

我国已承担国际标准全体会议3次。CELTSC有3人担任ISO/IEC JTCI/SC36的工作组召集人，有10人担任国际标准编辑（见表8-2）。

表8-2　我国专家在国际标准研制工作中的职务情况

WG AHG SG OCSG	承担职务	专家	单位	国际标准项目号	国际标准项目名称
WG4 WG5	WG4召集人 WG5编辑	余云涛	中国电子技术标准化研究院	ISO/IEC 40180	学习、教育和培训质量基础参考框架
WG1	WG1编辑	祝智庭	华东师范大学	ISO/IEC 2382-36	信息技术 词汇 第36部分：学习、教育和培训
AHG2	AHG2联合召集人	吴砥	华中师范大学	ISO/IEC TR 18121 ISO/IEC TR 4338 ISO/IEC TR 4339	ISO/IEC TR 18121 虚拟实验 ISO/IEC TR 4338 智慧教室概念模型和系统架构 ISO/IEC TR 4339 教育信息化评价参考模型

续表

WG AHG SG OCSG	承担职务	专家	单位	国际标准项目号	国际标准项目名称
WG4 SG1	WG4编辑 SG1负责人	郑莉	清华大学	ISO/IEC 19788-1	ISO/IEC 19788-1 学习资源元数据框架
WG3 WG4 WG8 OCSG WG9	WG3项目负责人 WG4编辑 WG8编辑 OCSG召集人 WG9召集人	杜婧	清华大学	ISO/IEC 29187-2 ISO/IEC 20006-3 ISO/IEC 20748-1 ISO/IEC 20748-2	ISO/IEC 29187-2 学习者隐私保护-3：术语 ISO/IEC 20006-3 能力信息模型-3 应用指南 ISO/IEC 20748-1 学习分析-1：参考模型 ISO/IEC 20748-2 学习分析-2：系统要求
WG5	WG5编辑	吴永和	华东师范大学	ISO/IEC 30119-1 ISO/IEC 30119-2 ISO/IEC TR 18121	ISO/IEC 30119 电子测验质量框架-1和-2 ISO/IEC TR 18121 虚拟实验
AHG2	AHG2编辑	顾小清	华东师范大学	ISO/IEC TR 18120 ISO/IEC 20006-1	ISO/IEC TR 18120 电子课本 ISO/IEC 20006-1 能力信息模型-1
WG4 WG7	WG4编辑 WG7编辑	申丽萍	上海交通大学	ISO/IEC 12785 ISO/IEC 24751-2 第二版 ISO/IEC 24751-3 第二版	ISO/IEC 12785 内容包装 ISO/IEC 24751 全面共享、个性化的可访问性第2、3部分
WG8	WG8编辑	李莹	中国电子技术标准化研究院	ISO/IEC 20748-1 ISO/IEC 20748-2	ISO/IEC 20748-1 学习分析-1：参考模型 ISO/IEC 20748-2 学习分析-2：系统要求
WG3	WG3编辑	李青	北京邮电大学	ISO/IEC 19479 ISO/IEC 23127-1	ISO/IEC 19479 学习者移动绩效信息 ISO/IEC 23127-1 在线学习教师元数据
WG4	WG4编辑	余胜泉	北京师范大学	ISO/IEC DIS 23126	ISO/IEC 23126 泛在学习资源组织与描述框架

(二) 中国教育信息化标准与国际标准的关系

中国教育信息化标准研制工作，结合国内国际产业需求和研究热点，与国际教育信息化标准工作保持同步的同时，在一些特定的领域甚至领先于国际标准的制定，我们因此也参与主导了国际标准提案和标准的制定工作。

四、中国教育信息化标准工作发展方向

(一) 标准工作内容方面

为了适应国际国内教育信息化发展的要求，CELTSC根据国家要求和市场需求新成立了教育信息化服务工作组、教育大数据研究组，并已经在教育信息化热点领域开展国家标准和行业标准的预研制（见表8-3）。

表8-3 教育信息化标准热点

序号	主题	内容
1	教育信息化国内标准热点	"三个课堂"相关标准 在线教育服务质量相关标准 在线课堂相关标准 在线教育监管相关标准 课程体系信息模型相关标准 "网络学习空间人人通"相关标准 智慧教育相关标准 教育大数据相关标准 虚拟现实、增强现实、混合现实的教育应用相关标准 中小学生信息技术教育相关标准
2	教育信息化国际标准热点	在线课程相关标准 课程体系相关标准 教师信息模型标准 泛在学习资源组织 数字化学习中的个性化访问相关标准 增强现实、虚拟现实、混合现实的教育应用相关标准 自适应学习环境相关标准 学习者隐私保护相关标准

(二) 标准工作流程方面

为了从国家和行业层面更好地对教育信息化当前面临的问题提出标准规范，适应产业和市场需求，规范行业发展，CELTSC应在统筹规划的基础上缩

短标准研制周期，对于延期的标准研制项目采取终止的措施或重新调整项目组人员，对于有迫切需求的领域启动教育行业标准预研究项目。同时，加强企业团体会员的吸纳，并增加教育信息化标准咨询服务、推广应用和标准符合性测试认证工作。

第九章
教育信息化人才培养和保障机制

第九章 教育信息化人才培养和保障机制

第一节 教育厅局长教育信息化专题培训

一、培训简介

2020年，教育厅局长教育信息化专题培训的主要内容为：推进教育信息化2.0行动计划，宣传教育信息化政策方针，推广信息技术与教育教学深度融合的典型模式，交流学习教育信息化应用驱动和机制创新的先进经验，提升推进教育信息化工作的能力。培训主要采用专题报告、案例分析、经验交流、现场观摩、分组研讨、汇报展示等方式进行。培训共6期，于2020年10—12月分别在云南、四川、甘肃、江西、河北和湖北举办。具体情况见表9-1。

表 9-1 教育厅局长教育信息化专题培训时间及地点

序号	报到日期	培训日期	地点
1	10月12日	10月13—16日	云南省迪庆藏族自治州
2	10月19日	10月20—23日	四川省阿坝藏族羌族自治州
3	11月9日	11月10—13日	甘肃省临夏回族自治州
4	11月23日	11月24—27日	江西省赣州市上犹县
5	11月30日	12月1—5日	河北省青龙满族自治县
6	12月14日	12月15—18日	湖北省武汉市

二、各省参培情况

2020年，共有746名教育厅局长参加了教育信息化专题培训。具体情况见表9-2。

表 9-2 每期培训参加情况

序号	实际参培人数	各省参培情况
1	127人	云南省127人
2	120人	四川省120人

续表

序号	实际参培人数	各省参培情况
3	126人	甘肃省120人，黑龙江省2人，河北省4人
4	120人	江西省120人
5	117人	河北省117人
6	136人	湖北省132人，贵州省4人

第二节 "网络学习空间人人通"专项培训

根据《教育部办公厅关于启动实施教育部—中国电信中小学校长"网络学习空间人人通"专项培训的通知》（教技厅函〔2016〕114号）、《教育部办公厅关于启动实施教育部—中国移动中小学骨干教师"网络学习空间人人通"专项培训的通知》（教技厅函〔2017〕68号）、《教育部科技司关于开展2020年"网络学习空间人人通"专项培训工作的通知》（教科技司〔2020〕185号）的部署，按照"以培促用、示范引导、突出重点、注重实效"的原则，中央电化教育馆于2020年11—12月组织开展了26期中小学校长、骨干教师"网络学习空间人人通"专项培训。

2020年，"网络学习空间人人通"专项培训的对象为教育信息化基础较好的中小学校长和骨干教师，具体遴选要求包括：（1）学校重视教育信息化工作，通过信息技术与教育教学深度融合来提升学校整体办学水平的意愿强烈。（2）学校已启动"网络学习空间人人通"建设与应用，并取得一定成效。（3）参训学员能够在学校的"网络学习空间人人通"校本培训与应用工作中，起到典型示范与带动作用。（4）参加中小学骨干教师培训的学员须具备一定的信息技术应用能力，能够主动运用网络学习空间开展教育教学工作，转变教育教学方式。（5）已参加过本项培训的中小学校长、骨干教师不再参加。（6）各省级项目执行机构可选派1—2人参训。

"网络学习空间人人通"专项培训针对中小学校长和骨干教师有不同的内

容。针对中小学校长的培训内容是:"网络学习空间人人通"的组织与推进,学校空间、教师空间、学生空间、家长空间等的建设与应用,融合网络学习空间创新教学模式、学习模式、教研模式和教育资源的共建共享模式,数字教育资源公共服务体系建设与应用。针对中小学骨干教师的培训内容是:应用网络学习空间实现备课授课、家校互动、网络研修、学习指导等,面向实践应用,突出学科特色。

2020年,中小学校长"网络学习空间人人通"专项培训在河北、山西、江苏、福建、广东、重庆、贵州、宁夏等8个省(自治区)的9所基地学校开展,累计培训学员2 000余人。各省(自治区、直辖市)和新疆兵团参培情况如图9-1所示。中国电信集团有限公司提供专项培训经费支持。

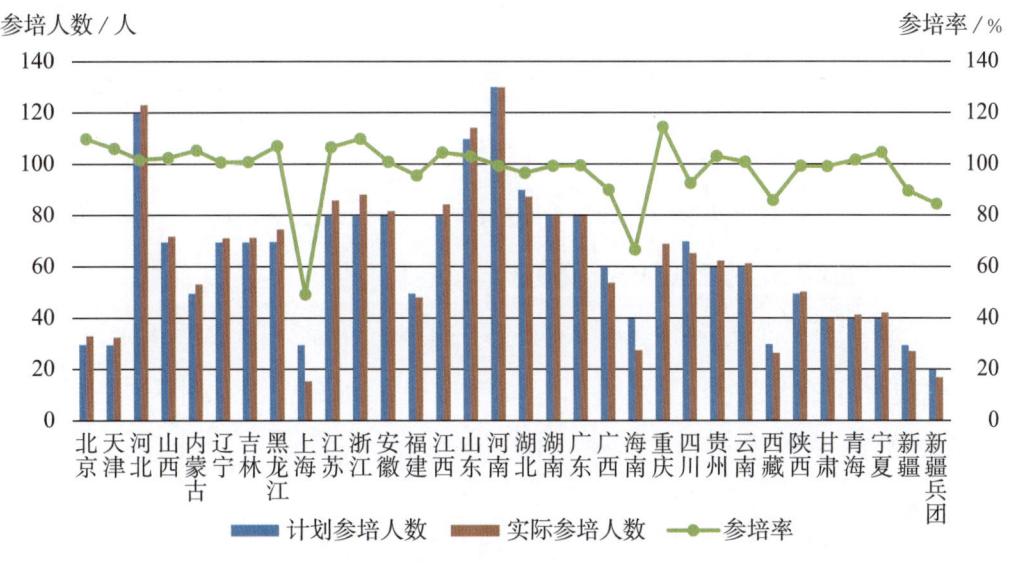

图9-1 2020年中小学校长"网络学习空间人人通"专项培训参加情况

2020年,中小学骨干教师"网络学习空间人人通"专项培训在河北、山西、辽宁、吉林、浙江、福建、山东、湖北、湖南、广东、贵州、宁夏等12个省(自治区)的17所基地学校开展,累计培训学员4 000余人。各省(自治区、直辖市)和新疆兵团参培情况如图9-2所示。中国移动通信集团公司提供专项培训经费支持。

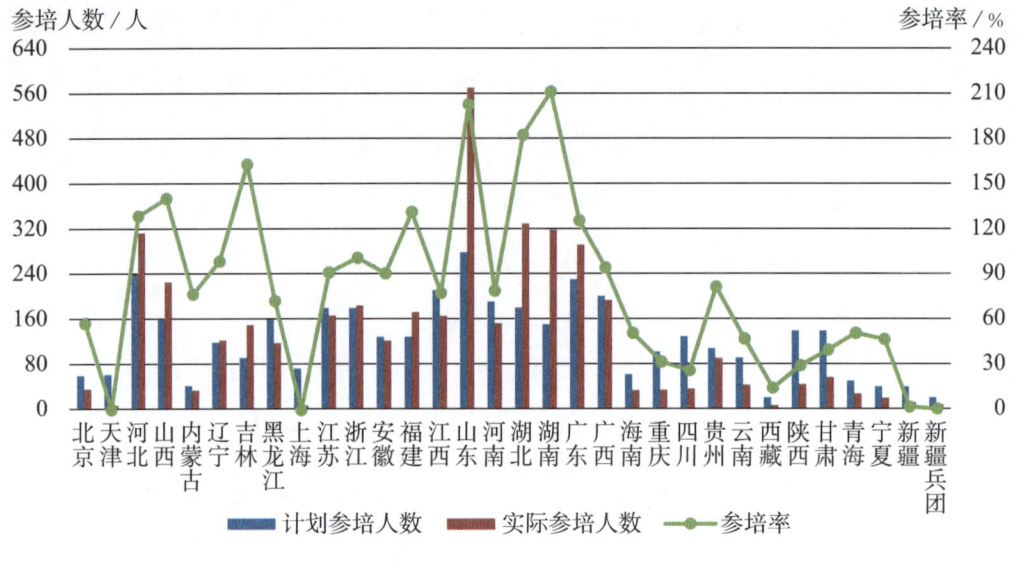

图 9-2　2020年中小学骨干教师"网络学习空间人人通"专项培训参加情况

第三节　全国中小学教师信息技术应用能力提升工程

2020年是教育信息化十年发展规划和教育信息化"十三五"规划实施的收官之年,加之新冠肺炎疫情的暴发和持续防控的要求,对全国中小学教师信息技术应用能力提升工程2.0(以下简称能力提升工程2.0)的实施提出了新的挑战,同时也赋予了能力提升工程2.0更多的责任和使命。2020年,能力提升工程2.0主要围绕在线教学能力培训、整校推进教师信息化教学能力提升、贫困地区教育信息化发展对口帮扶、信息技术融合创新应用人才培养等方面展开。

一、各地有序推进能力提升工程2.0的工作

2020年,各省(自治区、直辖市)各级管理者和培训者培训、在线教学能力培训、软件编程能力提升等工作有序开展。各省(自治区、直辖市)采取结对帮扶、双师课堂、课程资源建设与分享等多种方式促进城乡教育均衡发展,通过增设创新引领项目、创新教师成长模式、开展专项课题研究等方式探索信

息化教育教学创新。同时，创新管理制度和激励机制，建立全面的绩效评估制度，通过典型经验与成果宣传、项目实施过程监管等措施切实保障能力提升工程2.0有效开展。

截至2020年底，各省（自治区、直辖市）培训省级管理者118 898人、省级培训者52 654人，组织64 249所学校开展能力提升工程2.0整校推进工作，共培训教师2 620 720人。根据对各省（自治区、直辖市）能力提升工程2.0经费投入情况的统计，经费来源主要包括中央财政拨款、省本级经费投入、地市/区县培训经费投入，以及通过合作、捐赠等其他方式的经费投入。

二、全力应对新冠肺炎疫情，保障"停课不停学"顺利进行

（一）迅速研制"在线教学攻略集"

2020年初，突如其来的新冠肺炎疫情给教育教学带来前所未有的考验。为响应国家"停课不停教、停课不停学"的号召，解决广大教师在线教学的现实困惑，全国中小学教师信息技术应用能力提升工程执行办公室（简称能力提升工程办）受教育部教师工作司委托，组织在线教学团队研发"在线教学攻略集"，知名教育技术专家、优秀教研员、校长及教师参与修改和审定。本着简便实用、入情入境、亲和生动的基本原则，"在线教学攻略集"分为技术平台、课程资源、教学方式、教学环节、在线教研五个模块（具体内容见表9-3），模块之间环环相扣，相互支撑，形成了理念、方法、技术、工具的融合，为教师在线教学的顺利开展保驾护航。2月9—13日，"在线教学攻略集"每天一期，通过"中国教育学会教师培训者联盟"16时16分准时发布。仅一个月的时间，"在线教学攻略集"累计阅读40余万人次，受到一线教师的广泛好评。

表 9-3 "在线教学攻略集"内容

模块	内容
模块1 技术平台我能用	1. 新手直播好入门 2. 直播平台面面观 3. 互动网课易搭建 4. 展示交流重分享 5. 调查测评一键通
模块2 课程资源巧加工	1. 资源获取有技巧 2. 微课授导应讲究 3. 媒体表现要适宜 4. 两招搞定微视频 5. 后期秀出高规格
模块3 教学方式合理选	1. 同步授课起好步 2. 先学后教提成效 3. 网络课程巧助学 4. 主题讨论重深度 5. 任务驱动促探究
模块4 教学环节可把控	1. 了解学情明起点 2. 教学过程重参与 3. 自评互评共进步 4. 作业设置有指导 5. 管理问题巧应对
模块5 在线教研聚合力	1. 教研工具提成效 2. 协同备课力量大 3. 听课评课新内涵 4. 实践反思助成长 5. 资源生成善利用

(二)组织研制教师在线培训实施指南

2020年4月初,受教育部教师工作司委托,能力提升工程办组织能力提升工程2.0专家工作组的专家召开在线会议,研制《中小学幼儿园教师在线培训实施指南》,并于4月23日发布,从目标任务、流程建议、管理机制、职责分工四个方面为各地各校实施中小学幼儿园教师在线培训工作提供指导和规范。

(三)有条不紊组织教师在线教学能力提升培训

新冠肺炎疫情来临之初,各地积极筹备应对工作,通过线上专题讲座、电视直播等多种方式开展教师在线教学能力提升培训，短时间内快速提升教师开展线上教学所需的教学设计、教学实施、学生管理、技术应用等方面的能力，并及时总结、推广优秀经验。

三、研制文件、审核规划，指导各地能力提升工程2.0的实施

2020年4—5月，在教育部教师工作司的指导下，能力提升工程办组织能力提升工程2.0专家工作组的专家研讨能力提升工程2.0校本应用考核指南。2020年6月，教育部教师工作司发布《全国中小学教师信息技术应用能力提升工程2.0校本应用考核指南（征求意见稿）》。

根据《教育部教师工作司关于做好2019年全国中小学教师信息技术应用能力提升工程2.0工作总结和2020年工作计划的通知》（教师司函〔2020〕3号）要求，31个省（自治区、直辖市）和新疆兵团全面总结2019年能力提升工程2.0的实施情况，并在此基础上紧跟时代需要、加强调查研究，研制2020年能力提升工程2.0工作计划。能力提升工程办组织能力提升工程2.0专家工作组的专家和"国培计划"专家工作组的专家多次在线研讨，制定2020年能力提升工程2.0工作计划评审细则。依据评审细则，能力提升工程2.0专家工作组对各地的工作计划进行远程评审，提出改进意见，关注重点包括：是否围绕整校推进思路制定合理有序的工作计划；是否兼顾创新示范与教育均衡，重视教师编程能力提升；是否制定实践导向、成果导向的校本应用考核方案并据此推进校本应用考核实施；是否有明确可行的管理机制和激励机制；是否建立全程、常态化的教师信息技术应用能力监控体系。教育部教师工作司汇总、修订评审意见并反馈给各地，帮助各地进一步明晰能力提升工程2.0的实施思路。

四、组织管理者线上研修，深化对能力提升工程2.0的理解

为加强各地对能力提升工程2.0的深入理解，搭建能力提升工程2.0实施经验交流平台，2020年教育部教师工作司共举办两次面向全国能力提升工程2.0

管理者的网络研修班。来自全国31个省（自治区、直辖市）和新疆兵团的相关教育行政部门主管领导、省级能力提升工程2.0执行办公室负责人、地市级能力提升工程2.0管理者、省级能力提升工程2.0承担机构代表、创新培训平台单位项目负责人及对口帮扶地区项目负责人，共计500余人参加了研修。两次研修各有侧重。6月的研修重在为各地扎实推进2020年能力提升工程2.0的实施提供理论引领、典型引路、专家引导，为此安排了"政策及文件解读""领域前沿与理念""实施成果与经验""实施内容与方法""计划改进与完善"五个模块的内容。教育部教师工作司司长任友群做了题为《服务新时代教育信息化建设，提升教师队伍信息素养》的报告。11月的研修主要聚焦能力提升工程2.0组织实施的关键问题，通过先导学习、专家报告、互动研修、案例分享和过程性任务展示分析的方式，帮助管理者进一步明确能力提升工程2.0实施路线和要点。

五、继续实施创新培训平台建设，持续推进对口帮扶工作

为深入贯彻落实教育精准扶贫攻坚工作，推动基础教育均衡、协调发展，教育部教师工作司于2017年底启动创新培训平台建设项目，实施周期为三年。作为能力提升工程2.0的一项重要举措，该项目通过遴选具备条件的高校或相关单位作为培训平台，对口帮扶"三区三州"等中西部深度贫困地区，探索基于学校发展需求的教师信息技术应用能力提升发展模式与创新路径。2020年是该项目实施最后一年，也是项目总结之年。

根据与对口帮扶地区确定的项目实施目标，各平台单位继续围绕教师信息化教学能力提升和学校信息化发展，组织培训、指导等活动，提供技术、资源等方面的支持，为当地教育信息化发展树立典型、培养教师队伍。同时各平台单位积极梳理、总结相关工作经验，形成适合当地的教学模式、教研模式以及合作模式。例如：北京师范大学采取识字、阅读和写作三位一体教学模式，助力云南怒江傈僳族自治州少数民族地区语文高效课堂的形成；华东师范大学针

对云南迪庆藏族自治州教研活动质量不高的问题，通过教研示范和专题讲座，帮助当地教师理解教研活动的重要性，掌握高效教研活动组织的方法；华中师范大学通过研训一体化的教师专业发展支持服务平台，构建线下学习和线上自主学习相结合的混合式学习模式，实现培训研修资源共享；华南师范大学建立了专递课堂、名师课堂和名校网络课堂"三个课堂"帮扶模式，加强粤藏两地师生交流。

2020年，面对突如其来的新冠肺炎疫情，各平台单位发挥技术优势，了解对口帮扶地区在线教学开展情况、教学资源及教师培训需求，及时精准输送所需资源，通过联合教研、讲座直播、线上论坛等方式开展针对性指导。例如：陕西师范大学开放本校教师教育MOOC平台，免费提供优质教师教育课程和专题讲座，推送本校编写出版的《新型冠状病毒感染的肺炎疫情下心理健康指导手册》，并围绕在线教学和疫情防控发布12场直播课程；北京方庄教育集群搭建教研群组，交流在线教学方法，分享优质线上教育教学信息，并与青海玉树地区学生取得联系，提供一对一的帮助和指导；为提高云南迪庆藏族自治州教师开展在线教学的能力和学生加强自我防护的能力，华东师范大学通过微信、云盘等多种方式及时输送"在线教学攻略"和"战疫云课堂资源"，促进当地"停课不停学"顺利开展，并及时组织线上论坛交流问题与经验。

六、开展引领性培训，推动技术融合创新发展

各地纷纷探索提升教师信息化教学创新能力的方法和路径，通过打造信息化教学创新试点校、组织信息化教学融合创新培训、遴选信息化教育教学融合创新典型案例等多种方式培养本地教学创新团队，探索教育教学新模式。

2020年，教育部—乐高"创新人才培养计划"教师培训项目三期（2020—2024年）正式启动。该期项目将在能力提升工程2.0背景下，关注整校推进的创新人才培养，培训对象由中小学一线教师转变为管理者及骨干教师。为此，本年度重点打造了新的课程体系，推出管理者培训课程，通过理念引领、实践体验等丰富的培训形式，帮助学校管理者加深对创新人才培养方法与策略的理解和应用。6—7月举办了两场"乐高STEAM创新教育名师讲堂"直播活动暨三期项目云启动会。11月通过线上线下深度融合的方式，开展了三期项目首次培训者培训，14个分会场的120余名基地管理者、培训师及实践学校的教师参加了培训。

第四节 教育信息化相关学科与人才培养

一、教育信息化人才培养现状

（一）人才培养目标

教育技术学是一门交叉应用型学科，它既关注技术在教育教学中应用的理论问题，也关注信息科学与技术在教育教学中应用的方法与实践，其学科目的是创新人才培养模式、深化教育改革、促进学生核心素养提升和教师专业能力发展。同时，教育技术学作为当代教育科学与信息技术科学相融合的一门新兴学科，也是国家实现教育信息化急需发展的学科之一。2020年新冠肺炎疫情防控期间，各级各类学校积极响应国家号召，开展"停课不停学"线上教育实践，既加速了我国教育信息化发展进程，也推动了教育技术学学科专业的进步。

未来的教育技术学应在国家政策引导和市场需求双向驱动下，从学科发展和就业前景两方面出发，以创新应用为导向，培养适应国家现代化发展的应用型、复合型、创新型人才。

（二）人才培养规模

教育信息化的发展不断推动新兴技术与教育科学的深入、持续融合，教育技术学发展呈现出学科跨界、学科融合的新态势。在专科层次办学中，全国招收现代教育技术专业的高等专科院校从2019年的23所增加为2020年的35所。在本科层次办学中，招收教育技术学专业的普通高等院校从2019年的159

所减少为2020年的153所（不含军事院校和港澳台高校）。其中，7所高校撤销教育技术学本科专业，1所高校新增教育技术学本科专业。在研究生层次办学中，招收教育技术学硕士研究生的院校从2019年的55所减少为2020年的52所，招收现代教育技术硕士研究生的院校有83所。截至2020年底，全国共有27所院校具备教育技术学博士授予权，教育技术学博士后流动站7个。具体情况见表9-4。由此看来，教育技术学专业相较往年更加注重整体教育资源应用的有效性，注重人才培养的高质量和高标准，且国家对于教育技术更高层次人才的培养依然有着强烈的需求，教育技术学专业仍然具有巨大的发展潜力。

表9-4 教育技术学人才培养体系

年份	开设教育技术学专业的专科院校数/所	开设教育技术学专业的本科院校数/所	设有教育技术学专业硕士点的院校数/所	设有教育技术学专业博士点的院校数/所	教育技术学专业博士后科研流动站数/个
2016	5	226	78	27	7
2017	1	174	73	27	7
2018	0	169	69	27	7
2019	0	159	55	27	7
2020	0	153	52	27	7

（三）人才培养趋势

1. 人才培养方向

现代信息技术的快速发展，促使社会已跨入"互联网+""人工智能+""大数据+"时代，教育技术正呈现出多领域协同、多学科交叉融合的发展趋势，并在时刻关注社会新技术、新理念和新方法的过程中动态调整专业人才培养目标和培养方向。对全国高校教育技术学专业研究方向进行梳理可以发现，出现频率最高的三个关键词依次为"教育""应用""技术"，这体现了教育技术学作为方法论学科的实践应用特性。从专业研究方向中的专业名词频率上看，出现频率较高的方向有：教育信息化理论、教育信息管理与评价技术、智能学习系统、智慧教育应用、教育游戏动漫、多媒体技术以及网络远程教育等。在理论研究中,教育技术基本理论、远程教育基本理论等是重点;在实践研究中,则突显了新型智能技术、大数据、物联网、3D建模等的重要作用,显现出教育技术学学科的应用性特征。同时,随着脑电科学、"互联网+"、大数据、人工智能技术的发展,教育技术学专业也在不断分流与转型。①

2. 人才培养模式创新

教育技术学人才队伍的不断壮大、学术交流的日益广泛,正推动教育技术学专业向更加智能化、数字化和融合化方向发展,也为教育技术学人才培养模式的创新提供了可能。通过梳理各所学校的教育技术学人才培养体系,可以发现当前教育技术学领域主要强调对学生的知识、技能和素养三个方面的培养②,且各学校的培养模式创新主要体现在以下三个方面。

(1)基于STEAM教育(指科学、技术、工程、艺术、数学多学科融合的综合教育)理念的复合型人才培养。在我国教育技术学专业发展和人才培养模式的不断变革中,如何培养具有跨学科性和创新性的复合型人才以适应信息化2.0社会的需求,是当前教育技术学领域亟待考虑的问题之一。而STEAM教育的兴起和发展,为教育技术学人才培养创新提供了可能,其融合、创新的教育理念,与当前教育技术学专业人才的培养观念深度契合。当前,已有不少高校探索STEAM教育视角下的教育技术学人才培养,如北京师范大学和江南大学都建立了基础课程、主干课程和高级课程三个层次的课程体系:基础课程为培养学生通用的学习素养打基础,主干课程涵盖教学系统设计、数字教育媒体、信息技术教育、教育软件工程和教育装备技术五个培养方向的课程群,高级课程包括学科前沿和学校特色课程。③

---

① 胡钦太,陈斌,王妍莉.我国教育技术学人才培养现状与未来趋势:面向"十四五"的调研分析及建议[J].中国电化教育,2021(1):66-72.
② 盛婕,刘和海.教育技术专业人才培养质量标准体系的建构:核心素养视角[J].教育教学论坛,2020(10):295-296.
③ 陈明选,苏珊.STEAM教育视角下教育技术学人才培养的思考[J].电化教育研究,2019,40(3):27-33.

（2）基于成果导向的应用型人才培养。教育技术学作为一门应用型学科，应从人才培养目标入手，明确学生就业时需要具备的基本能力，构建系统的课程体系、完整的专业实践环节及完善的毕业评价体系，确保所培养的人才能够满足社会或专业领域需求。如通化师范学院形成了基于成果导向教育理念的高职院校应用型人才培养方案，在调研学生就业岗位需求基础上，确定了包括教育技术学专业性理论、程序语言设计、平面艺术设计等方面的课程内容；同时定期听取毕业生及用人单位评价反馈，梳理人才培养与目标设置中的不足并加以改进，以保证人才培养的质量。[1]

（3）基于产教融合的高素质人才培养。我国陆续出台了《关于深化产教融合的若干意见》《国家职业教育改革实施方案》等多项针对高等教育和职业教育的政策，强调通过产教融合提升新时代人才培养的质量。目前，我国教育技术学领域的产教融合人才培养模式在逐步完善。如辽宁师范大学推行"三导师制、双调研项目和双基地项目"的"三特色"培养模式，旨在从中小学和企业的双重需求出发，制定校内导师、基础教育领域导师、企业导师的"三导师制"，在校企共建模式下培养满足产业实际需求的教育技术学专业人才。[2]

3. 人才发展前景与问题

教育技术学人才就业范围大致包括四类：技术类（教育软件工程师、教育大数据工程师、程序员）、教学科研类（教学科研人员、信息技术教师、教育技术教师）、教学辅助类（教学辅助人员、学校行政人员、辅导员、电教员）、其他类（企业培训师、销售人员、产品经理、电视节目编导人员）。[3]通过对市场上几大招聘网站的人才需求加以梳理可以看出，当前社会对后三类人才的

---

[1] 赵艳，郝连科. 基于成果导向教育理念的高职院校应用型人才培养方案改革：以教育技术学专业为例[J]. 开封文化艺术职业学院学报，2020，40（3）：139-140.
[2] 刘丹，范憨憨. 教育人工智能视域下教育技术学专业创新人才培养模式研究与实践[J]. 中国信息技术教育，2021（1）：102-104.
[3] 胡钦太，陈斌，王妍莉. 我国教育技术学人才培养现状与未来趋势：面向"十四五"的调研分析及建议[J]. 中国电化教育，2021（1）：66-72.

需求较高，对教育软件开发人员的需求相对较少。①从地区上看，与教育技术学相关的岗位需求在我国东南沿海及中部地区，特别是广东省相对较多；从招聘要求上看，招聘单位在注重工作经验的同时，也注重专业人才的沟通、协调、创新、逻辑思维等方面的能力；从行业领域分析可知，与教育技术学相关的岗位绝大多数都属于教育行业，其次是互联网行业。

当前我国教育技术学专业的学科定位和人才培养方向较为明确，但也需紧跟时代发展步伐及时做出调整。②综合社会对教育技术学的人才需求可知，技术类岗位更注重人才素质的综合性，包括具备一定的沟通协调能力、语言表达能力、综合实践能力、工作经验等，因此学校应进一步加强对学生的通识教育和实践能力培养；教学科研类岗位是大部分教育技术学学生的首选岗位，并且高学历的毕业生更偏向于在高等院校就业，形成"自产自销"的人才培养模式。可以看出，学生自身的性格特征、自我效能感、对本专业的认可度以及社会各方面给予学生的支持都会影响其对就业岗位的认识和判断，影响学生的求职目标定位。

二、教育信息化相关专业发展现状

（一）教育科学基础研究现状

在新冠肺炎疫情防控期间，以在线直播教学、录播教学为代表的在线教育逐步走向教育舞台的中心，我国教育科学基础研究热点也逐步向"互联网+教育"等方面转移，更加关注技术对教育教学变革的促进，具体体现在以下几个方面。

1. 超大规模在线教育研究

疫情期间开展的"停课不停学"教育实践促使一线教师对在线教育有了整体性的实施体验、开放性的实践意愿及专业性的实践认知。2020年，在线

---

① 欧梦吉，刘永贵.基于企业招聘信息的教育技术学专业人才需求分析与启示[J].中国教育信息化，2020（4）：77-82.
② 陈丽，王志军，郑勤华."互联网+时代"教育技术学的学科定位与人才培养方向反思[J].电化教育研究，2017，38（10）：5-11.

教育的相关研究显著增多，包括在线教育的现状研究[1]、在线教育的机遇与挑战[2]、在线教育的问题审思与发展路向[3]、在线教育的模式研究[4]等。2020年11月初，党的十九届五中全会通过的《中共中央关于制定国民经济和社会发展第十四个五年规划和二〇三五年远景目标的建议》明确提出"建设高质量教育体系"的政策导向和重点要求，强调要"发挥在线教育优势，完善终身学习体系，建设学习型社会"。

2. 在线课堂应用研究

关于在线课堂应用的研究主要涉及智慧课堂、同步课堂、专递课堂、名师课堂、名校网络课堂等，其中"三个课堂"是2020年新兴的研究热点之一。2020年3月，《教育部关于加强"三个课堂"应用的指导意见》明确指出要促进信息技术与教育教学实践的深度融合，推动课堂革命，创新教学模式，促进育人方式转变，支撑构建"互联网+教育"新生态，发展更加公平更有质量的教育，加快推进教育现代化。

3. 技术促进教育教学变革研究

（1）大数据与数据治理。在信息技术高速发展的新形势下，数据早已成为教育现代化、教育治理的底层逻辑和学校的重要资产。2020年，新冠肺炎疫情是对各级各类学校长期以来数据治理的一次突击考察，诸多高校开始重视数据治理并加大治理力度，同时认识到数据是智慧校园的基础，也是推动学校治理体系和治理能力现代化、信息化与教育深度融合的必然要求。

（2）人工智能赋能教育。在2020年12月举行的国际人工智能与教育会议上，教育部部长陈宝生特别强调，人工智能新技术向我们展示了技术变革教育的巨大潜能，我们应该加快发展更高质量的教育、更加公平包容的教育、更加

---

[1] 焦美玲，程子千，桑育黎，等. 我国在线教育的发展现状及分析［J］. 教育教学论坛，2020（32）：147-148.
[2] 徐小琴，兰羽，王运武. 新冠肺炎疫情下在线教育的机遇与挑战［J］. 现代商贸工业，2020，41（32）：129-130.
[3] 陈宏民，顾颖，潘宇超，等. 疫情下高校在线教育的问题审思与发展路向［J］. 教育与教学研究，2020，34（9）：44-52.
[4] 袁铁彪. 在线教育视域下教师教学引导模式研究［J］. 天津电大学报，2020，24（2）：22-26.

适合每个人的教育、更加开放灵活的教育。

（3）"5G+教育"。5G技术凭借其超低延时、超高速率等技术特性使教育资源得以广泛流通和共享，师生可以按需索取教育资源，并在一定程度上促进了教与学模式变革。在5G万物互联教学条件下，移动学习、泛在学习与互动学习领域催生的超高清、VR/AR、物联网等虚拟仿真教学资源在教育技术学人才培养过程和质量评价中发挥了积极作用。同时，"5G+教育"依托5G三大技术应用场景URLLC（超高可靠低时延通信）、mMTC（大规模物联网）与eMBB（移动宽带增强），不仅拓宽了教育传播路径，而且拓宽创新了教育传播的内容与方式，进而帮助实现了精准教学、个性化教学、互联协作教学以及节能绿色教学等教学场景与教学体验的创新。①

（4）"虚拟现实+教育"。当前，虚拟现实技术已被越来越多的学者和相关部门所关注，国家自然科学基金委员会、国家高技术研究发展计划等都把虚拟现实技术列入研究项目主题。2020年3月，美国高校教育信息化协会发布《2020年地平线报告：教与学版》，将XR（扩展现实）作为新兴的技术和实践，并预测其在远程学习中的应用将成为未来的发展趋势之一。可以看出，虚拟现实融合教育是现代教育发展的再次飞跃，能够实现多终端三维沉浸感知环境的多通道体验式交互，并从根本上变革远程教育的学习场域和教学方式。②

4. 网络教育创新应用研究

网络教育创新应用研究包括"互联网+"背景下的教育服务模式变革、网络环境下的学习方式变革、在线学习行为分析、网络学习空间的建设与应用等方面的研究。2020年3月，北京师范大学副校长陈丽在《在线教学：是权宜之计，更是变革趋势》的演讲中提到教育工作者应该趁热打铁，在原来信息化建设的基础上，进一步推动以互联网为核心的新一代信息技术跟教育、教学、管

---

① 王胜远，王运武. 5G+教育：内涵、关键特征与传播模型[J]. 重庆高教研究，2020，8（2）：35-47.
② 刘革平，王星. 虚拟现实重塑在线教育：学习资源、教学组织与系统平台[J]. 中国电化教育，2020（11）：87-96.

理的整合，让教学流程得以再造，让学习者来驱动教学资源的供给方式，让教育体系发展成一个开放的组织体系。

（二）教育信息化应用研究现状

教育信息化有利于缩小地区间的教育差距，是建设学习型社会、构建终身学习体系、提高国民文化素质的有效途径。教育信息化2.0的建设目标是到2022年基本实现"三全两高一大"，即教育应用覆盖全体教师，学习应用覆盖全体适龄学生，数字校园建设覆盖全体学校，信息化应用水平和师生信息素养普遍提高，建成"互联网+教育"大平台。

1. 教育信息化助力教育精准扶贫

"三个课堂"有效促进了农村偏远薄弱地区尤其是"三区三州"的教育精准扶贫，探索出了一条教育精准扶贫新路径。教育信息化助力教育精准扶贫将会持续发挥效用，尤其是大数据、人工智能等技术的广泛应用，可以深刻变革人才培养模式、教育治理体系和教育服务方式，为深入推动教育扶贫提供广阔空间。

2. 教育信息化促进教师信息素养提高

教师信息素养水平关乎教育教学质量的提升和教育教学改革的发展进程。2019年3月，《教育部关于实施全国中小学教师信息技术应用能力提升工程2.0的意见》发布，强调应加强教师信息素养的培养。在国家政策的支持下，各地区大力发展教育教学信息化，开展教师培训以提高教师信息化教学能力与信息素养，全面促进信息技术与教育教学融合创新发展。同时，疫情期间开展的在线教学也对教师信息素养提出了新要求。为保障疫情期间的教育教学质量，各级各类学校开展了相应的信息化教学培训，培养了一大批具备信息化教学意识、具备数字化资源建设与应用能力的高水平融合型教师。

3. 教育信息化支撑教育现代化

教育信息化作为实现教育现代化的关键支撑和重要引领，正在逐步开启加快教育现代化的新征程。一是学校网络基础环境基本实现全覆盖。截至2020

年11月底，全国中小学（含教学点）互联网接入率为99.7%。① 二是优质资源供给和教学应用水平大幅提升。在教育部的指导下，各地纷纷深入推进"三个课堂"应用，连续六年开展"一师一优课、一课一名师"活动，已基本形成利用信息化手段扩大优质教育资源覆盖面的有效机制。三是大规模在线教学活动顺利展开。在新冠肺炎疫情防控期间，教育部启动了"停课不停学"教育实践，开通了国家中小学网络云平台，为中小学生如期学习提供了有效支撑，也进一步激发了师生对数字化、混合式教学的认识与适应能力。

（三）教育信息化跨学科融合现状

任何重大的经济、社会和科技问题都是复杂的综合性问题，需要综合运用多学科的知识和方法才能顺利攻克。重视培养跨学科人才已成为世界各国高等教育的新趋势，同时，跨学科教学对人才培养也提出了更新课程内容、改革人才培养模式、改革教学组织管理形式、优化教学方法、改进评价制度等要求，而教育信息化极大促进了跨学科教学的发展，运用信息技术开展跨学科人才培养是未来发展趋势之一。

1. 脑机接口与课堂评价

在智能技术的支持下，课堂评价更加科学化、多样化，学生内隐数据的挖掘逐渐受到重视。而脑机接口（brain-computer interface，简称BCI）是脑科学与计算机科学交叉领域的前沿技术，可实现对学习者认知负荷、注意力水平、学习风格与情绪状态等高级思维活动的实时测量，实现对学生学习过程的分析与干预、对学生学习结果的反馈、对教育教学策略调整的支持以及对学习状态的精准分析与调节。②

2. 虚拟现实与课堂教学

虚拟现实是20世纪末产生的一项学科交叉融合综合技术。虚拟现实技术有

---

① CNNIC发布第47次《中国互联网络发展状况统计报告》[EB/OL]. https：//www. edu. cn/info/ji_shu_ju_le_bu/Internet/202102/t20210203_2074699. shtml.
② 任岩，安涛，领荣. 脑机接口技术教育应用：现状、趋势与挑战[J]. 现代远距离教育，2019（2）：71-78.

助于加强"三个课堂"与网络学习空间应用的融合,依托网络学习空间拓展资源共享、教学支持、学习交互、学情分析和决策评估等服务,不断增强"三个课堂"的智能化、共享性、互动性。2020年12月24日,教育部在第七场教育2020"收官"系列新闻发布会上指出,"十三五"时期推出了一大批纸质教材、数字化资源教材,以及融合互联网、人工智能等信息技术的虚拟现实、增强现实、配套移动软件等表现形式丰富的多介质教材。在疫情期间的在线教学实践中,以上各类新形态的优质教材发挥了重要作用,有效保障了线上教学与线下教学质量的"实质等效"。

3. 人工智能与学习评价

当前,新一代人工智能相关学科发展、理论建模、技术创新、软硬件升级等工作的整体推进正引发链式突破,并推动了教育教学领域从数字化、网络化向智能化加速跃升。人工智能与教育深度结合已成为课堂教学的新趋势,2020年10月,中共中央、国务院印发的《深化新时代教育评价改革总体方案》指出,创新评价工具,利用人工智能、大数据等现代信息技术,探索开展学生各年级学习情况全过程纵向评价、德智体美劳全要素横向评价。2020年12月,教育部部长陈宝生在国际人工智能与教育会议上强调,人工智能等新技术展示了变革教育的巨大潜能,应当加快发展更高质量的教育、更加公平包容的教育、更加适合每个人的教育、更加开放灵活的教育。人工智能将成为实现教育生态重构的有效手段,人工智能技术在教育中的深度广泛应用将彻底改变教育的时空场景和供给水平,将实现信息共享、数据融通、业务协同、智能服务,推动教育整体运作流程改变,使规模化前提下的个性化和多元化教育成为可能,进而构建出一种灵活、开放、终身的个性化教育生态新体系。

(四)教育信息化示范应用

1. 国家智慧教育示范区建设

为推动教育信息化融合创新发展,实现教育理念与模式、教学内容与方法的改革创新,提升区域教育水平,探索积累可推广的先进经验与优秀案例,形成支撑和引领教育现代化的新途径和新模式，教育部于2018年推出智慧教育示范区创建项目，2019年4月遴选出北京市东城区、山西省运城市等八个地区为首批智慧教育示范区，江苏省苏州市、山东省青岛市两个智慧教育示范区培育区域。2020年2月，教育部再次遴选出北京市海淀区、天津市河西区等十个地区为第二批智慧教育示范区（见表9-5），重庆市璧山区、甘肃省兰州市两个智慧教育示范区培育区域。同时，首批智慧教育示范区的智慧教育创建工作已初见成效，如广州市教育局为发挥智慧教育示范区引领作用，做好教育信息化援藏工作，委托市电教馆工作组于2020年9月赴西藏林芝波密县开展为期半个月的信息化教学实地指导工作，推动了该地区的教育信息化发展。

表9-5 第二批智慧教育示范区建设计划

区域	相关建设计划
北京市海淀区	由海淀区教育委员会统筹教科院、区域内学校、企业力量提供建设所需的素材、数据和技术方案，由北京师范大学根据建设内容方案给予科学性指导和优化建议。秉承"技术推动教育变革"的理念，设计智能教学支持服务系统，精准助力课堂变革；坚持城乡教育资源均衡导向，科学促进智能共享；研判物联网感知可信度，构建学生智能评价体系；依托循证跟踪调查，促进教育治理变革创新。
天津市河西区	围绕"全力构筑创新河西、活力河西、文明河西、韧性河西、幸福河西五大城市品牌"的总体目标，以构建"未来学校、未来教师、未来学生"五育融合的智慧教育体系为目标，以"整体思考、统筹规划、同步建设、互通共享、梯次推进、以用促建"为基本原则，以信息素养培育工程、育人模式创新工程、教育评价改革工程、教育环境构建工程、资源供给优化工程、治理能力提升工程、特色智能创新工程七大工程为主要创建内容，提升优质教育资源供给服务能力，实现优质资源精准覆盖，全面推进智慧教育示范区创建工作。
江苏省苏州市	完善教育智能化生态环境，支撑数据驱动的教育评价体系；以学生个性化成长评价为导向，促进学生全面发展；以教师专业化发展评价为导向，促进教师教育教学质量全面提高；以学校智能化综合评价为导向，促进学校管理水平有效提升；以区域科学化履职评价为导向，促进区域治理体系科学创新。
浙江省温州市	以数字化转型促进教育更加智慧为核心理念，以教育和技术联动发展为驱动，以数字大脑智能体系为创新引擎，坚持"立德树人，因材施教；综合集成，整体智治；唯实惟先，创新迭代"的基本原则，实施"八大"创建行动，推进教育发展业务数字化、应用场景化、服务智能化。 到2023年，基本建成国家智慧教育示范区，在教育信息化推进体制机制、教育"数字大脑"服务模式、教学新型空间建设模式等方面起到创新示范作用，为建设高质量教育体系、打造教育高地提供坚实的智慧保障，为实现教育与城市现代化协调发展提供借鉴。

续表

区域	相关建设计划
安徽省蚌埠市	从推进机制、教学变革、均衡发展、服务供给等方面不断完善示范成果建设，全面落实智慧教育深度应用。 推进江淮智慧教育研究院以及全市因材施教智能数据服务中心体系建设，为不同层次、不同类型的学生提供个性化、多样化、高质量的教育资源和服务，真正做到以信息化技术为师生"减负"、为教育"提效"。
福建省福州市	以智慧教育服务体系为支撑，提升优质教育资源供给服务能力，实现优质资源精准覆盖；有效实现地域、城乡、学校之间教育高位公平、高质量发展。 以全面提升"人"的综合素养为核心，为建设教育强国培养高素质创新型人才，推动教育理念、教学模式、评价方式、教学环境、管理流程等全体系重组创新；将中小学虚拟实验教学试点项目纳入示范区建设，大力推进实验教学的改革创新。 打造"智慧教育"名片，形成示范效应，依托"山海合作"平台辐射全省，依托"闽宁合作"平台辐射全国，依托"闽台合作"平台辐射海峡两岸，依托"海丝平台"辐射"一带一路"沿线国家，用福州力量构筑起智慧教育协同发展的"同心圆"。
江西省南昌市	智慧考试，实现以数据驱动的评价改革：建设智慧考试特色示范区，落实数据驱动的学习分析与评价，拓展智慧考试示范创新应用。 智慧作业，实现以数据驱动的学习变革：全面推进"智慧作业"应用，实施大规模因材施教。 智慧环境，实现以数据驱动的教学革新：全面推进"教育专网+洪教云""5G教育专网+VR"教学环境和"教学通"平台常态化应用。 智慧管理，实现以数据驱动的能力提升：构建智慧教育大脑，推动区校一体化政务校务融合。 智慧研训，实现以数据驱动的素养提高：推进三个"一百"信息化名师建设（一百名校园首席信息官、一百名信息化教学融合骨干教师和一百名信息化应用指导力骨干教师），开展中小学创客、编程及人工智能教育。
四川省成都市成华区	投入近4亿元启动"智慧教育"新基建工程，实施智慧环境的迭代、云平台的升级、大数据中心的完善、成渝双城优质资源的共享等六大行动21个项目。
广东省深圳市	积极推进"基于教学改革、融合信息技术的新型教与学模式"国家级信息化教学实验区建设，出台工作方案，确定区、校级实验项目并开展实验工作。 优化"深圳教育空中课堂"，升级数字化资源平台，遴选优秀教师优质课程，推广共享优质备课资源；建设一批促进学生跨学科思维和创新能力提升的新型云端精品课程；开展数字教材平台的设计工作。 建立健全信息化人才队伍培养和认证体系。实施云端教师培养和智慧教育评价队伍建设计划；出台云端教学研究工作室建设意见，培养高水平云端教学人才梯队；打造一批信息化专家、专业能手工作室。
山东省青岛市	依托物联网、大数据、人工智能等新一轮信息技术，深化信息技术与教育教学融合创新，努力打造一流教育信息化基础设施环境、一流数字化学习资源、一流"互联网+教育"大平台。

2. 教育信息化教学应用实践共同体建设

教育部于2018年起在全国范围内遴选教育信息化教学应用实践共同体项目，其建设目标是形成一批成熟、可借鉴、可推广的信息技术支持下的信息化教学方法、教学组织形式和典型案例，建立一支高水平的信息化教学应用骨干队伍，探索推进信息化教学应用的长效机制。2018年、2019年共遴选出38个不同应用方向的实践共同体项目，2020年遴选出20个不同应用方向的实践共同体项目（见表9-6）。

表9-6　2020年度教育信息化教学应用实践共同体项目

项目类别	省份	共同体项目名称
名师课堂应用模式	北京	学习科学与游戏化学习实践共同体
	广东	基于"三阶段"式发展的初中英语教师网络研修实践共同体
	天津	面向残疾人高等教育的在线名师课堂建设
	河南	名师课堂"四五"县域模式应用实践共同体
	山东	基于名师课堂建设与应用的研修共同体构建研究
	浙江	基于名师网络工作室的名师课堂建设应用共同体
	陕西	基于优质均衡发展和"名校+"教育联合体的名师课堂建设与实践
虚拟仿真教学应用模式	江苏	虚拟仿真实验教学建设与共享应用
	山东	基于"VR云平台"的装备制造类专业全时空教学模式应用实践共同体
	天津	化工虚拟仿真实验建设与教学应用策略研究
	江西	江西省虚拟仿真实验共享教学共同体
	湖北	武汉市汉阳区虚拟实验教学应用实践共同体
	上海	智能制造虚拟仿真教学应用实践共同体
	福建	工程测量线上线下一体化教学应用实践共同体
	四川	金牛区虚拟实验教学共同体

续表

项目类别	省份	共同体项目名称
5G条件下教学应用模式	广东	基于5G教学场景的"三基三联三评"教师专业发展模式实践共同体
	江苏	5G条件下跨区域教学应用模式协同创新实践共同体
	陕西	大数据驱动的精准教学模型建构与实践探索应用创新实践共同体
	北京	5G条件下的教学应用探索实践共同体
	江西	5G智慧数字校园融合教学应用实践共同体

3. 首批国家级信息化教学实验区

2020年8月,在各省级教育行政部门的积极支持配合下,经遴选推荐、专家评审、公示等环节,教育部确定了"基于教学改革、融合信息技术的新型教与学模式"实验区(简称国家级信息化教学实验区)名单(见表9-7);同时要求各实验区认真落实党的十九届四中全会关于"发挥网络教育和人工智能优势,创新教育和学习方式"的要求和《中共中央国务院关于深化教育教学改革全面提高义务教育质量的意见》《国务院办公厅关于新时代推进普通高中育人方式改革的指导意见》等文件精神,扎实有效开展实验探索,切实把实验工作作为推动本地教育教学改革、提供公平而有质量教育的有力支撑和重要抓手。

表9-7 国家级信息化教学实验区名单

序号	地区	实验区
1	北京	朝阳区 海淀区 房山区 通州区 密云区
2	天津	和平区 河西区 武清区
3	河北	石家庄市裕华区 廊坊市
4	山西	朔州市朔城区 晋中市 长治市 运城市盐湖区
5	内蒙古	兴安盟 鄂尔多斯市
6	辽宁	沈阳市和平区 大连市西岗区 大连市甘井子区
7	吉林	长春市农安县 长白山保护开发区

续表

序号	地区	实验区
8	黑龙江	哈尔滨市南岗区　哈尔滨市阿城区
9	上海	浦东新区　黄浦区　徐汇区　普陀区　虹口区　杨浦区
10	江苏	南京市鼓楼　徐州市云龙区　常州市　苏州工业园区　泰州市姜堰区
11	浙江	杭州市上城区　杭州市萧山区　嘉兴市嘉善县　金华市东阳市　衢州市柯城区　台州市三门县
12	安徽	淮北市濉溪县　蚌埠市
13	福建	福州市鼓楼区　厦门市思明区
14	江西	上饶市婺源县　吉安市井冈山市
15	山东	济南市　青岛西海岸新区　淄博市　枣庄市滕州市　烟台市　潍坊市
16	河南	郑州市金水区　三门峡市卢氏县
17	湖北	宜昌市伍家岗区　荆州市沙市区　咸宁市咸安区
18	湖南	长沙市芙蓉区　长沙市天心区　长沙市雨花区
19	广东	广州市越秀区　深圳市　佛山市南海区　东莞市
20	广西	南宁高新区　柳州市鱼峰区
21	海南	海口市美兰区
22	重庆	江北区　沙坪坝区　南岸区
23	四川	成都市　德阳市旌阳区　宜宾市南溪区
24	贵州	贵阳市　遵义市　安顺市西秀区
25	云南	昆明市西山区　临沧市沧源佤族自治县
26	陕西	西咸新区　杨凌示范区
27	甘肃	金昌市　酒泉市敦煌市
28	青海	西宁市城东区　西宁市城中区
29	宁夏	银川市　中卫市沙坡头区
30	新疆	乌鲁木齐高新区　克拉玛依市
31	新疆兵团	第一师　第十二师

三、学科与人才培养新发展

随着信息技术及各类现代化教学平台的快速发展，教育技术学科特色人才培养体系逐渐形成，与其他学科整合趋势更加明显，协同育人快速推进，创新型、应用型、复合型人才队伍规模逐渐壮大，教育技术学专业人才推动教育信息化发展的作用愈加凸显。

（一）教育技术学科不断拓展转型

教育技术学作为一门新兴的应用交叉型学科，需紧密联系新技术发展和社会产业转型升级，及时调整专业建设和人才培养方案。自1979年起，教育技术学科逐步建成包含本科、硕士、博士、博士后的人才培养体系，与此同时，教育技术学专业也在不断进行分流与转型。在教育部公布的《2020年度普通高等学校本科专业备案和审批结果》中，山东理工大学、喀什大学、湖北工程学院、玉林师范学院等高校撤销了教育技术学专业，但也有不少高校增设了相关的如"人工智能""数据科学与大数据技术""大数据管理与应用"等新型专业。此外，2020年，西北师范大学作为全国第一批智能教育专业博士学位点开始招生，华中师范大学整合教育技术学等多学科力量成立了全国第一个人工智能教育学部。

（二）一流精品课程建设快速推进

教育技术学人才是实现教育信息化坚实的"后备军"和"生力军"。近年来，在国家的大力推动下，各院校积极推动学科专业的交叉融合和跨界整合，不断深化课程体系改革，着力探索创新人才培养模式与机制。伴随着新课程改革的深化，各院校不断优化教育技术学专业的课程体系，除继续优化教育技术学基础课程、主干课程和选修课程，逐步实现专业课程体系的规范化和标准化之外，还结合实际需求选择特色课程，同时精心打造教育技术学的核心课程与精品课程。2020年，在教育部推出的5 118门首批国家级一流本科课程中，"教育技术学""现代教育技术""现代教育技术应用""现代教育技术理论及应用"等多门课程位列其中。

（三）学科人才培养与就业方向朝多元化发展

教育信息化2.0行动计划的启动以及新兴技术的出现和发展，促使智慧教育及智慧教育环境、教育大数据、人工智能及学习分析技术、"互联网+教育"等得到广泛关注，社会对教育技术人才的需求更加迫切，并呈现出多样化的特点。在此背景下，教育技术学专业一方面注重培养学科人才在新理念和新方法指导下的理论研究水平，另一方面注重培养学科人才的实践创新本领。教育技术学专业人才的就业范围十分广泛，既包括各级各类学校信息技术学科教师、电教馆技术人员、媒介技术人员等，也包括各种企业性质的教育机构或培训机构技术人员等。

（四）教育技术学科社会服务属性逐渐凸显

在2020年大规模线上教学期间，教育技术学承担起社会责任，充分发挥了专业优势，各地各校利用信息技术手段合理有序地开展各类线上教育教学活动。同时，教育部高等学校教育技术专业教学指导分委员会也征集发布了本专业两批共123门共享课程资源，组建了由全国30所高校教育技术学专业的43位学者、青年骨干教师等组成的"国家队"，在4月25日至5月30日开展了"同心抗疫助教学，教育技术网上行"的社会志愿服务活动，连续6个周末为各级各类学校师生和社会大众提供教育信息化领域的指导。

四、学科与人才培养的未来发展路径

新一轮信息化革命和教育变革对培养具有创新能力和实践能力的高素质复合型人才提出了更高要求。为促进教育信息化发展、加快实现教育现代化，教育技术学急需充分发挥学科特长，瞄准建设教育强国等国家战略，积极应对学科发展与人才培养的新挑战。

（一）多学科深度融合，优化人才培养结构

推动学科专业的交叉融合和跨界整合是深入推进创新型、应用型与技能型

人才培养的重要路径。教育技术学作为融合教育学、心理学、系统科学和信息科学等学科理论与实践的交叉型学科，兼具技术属性与人文社会属性。一方面，应加强教育技术学与人文社会学科的融合。如加强教育技术学与哲学的融合，用哲学的思维方法厘清技术与教育的关系，树立科学的人文与技术价值取向。另一方面，应加强教育技术学与前沿智能技术学科的融合。近年来，认知与神经科学关键技术的发展为开展教育教学提供了新思路，促进了教育技术学研究方法的多样化。总之，多学科交叉融合有望拓展教育技术学人才培养的理论与实践视野，以跨学科的思维与研究方法破解教育领域难题，促进高素质复合型人才培养。

（二）重构课程体系，创新人才培养模式

在教育信息化推进过程中，教育技术学被赋予了艰巨的历史责任，也迎来了新的发展契机。新时代教育技术学急需以"一流大学"和"一流专业"建设为契机，加快推进"金课"建设；基于学科发展、社会需求与学生个性化需求等，明确课程培养目标及教育技术学专业人才需要具备的复合型能力结构，以创新实践能力培养为抓手，重构课程体系。本科阶段以专业核心课程和基础课程为主，具体包括教育理论课程、教学心理课程、信息技术课程、科技文化课程、研究方法课程、综合实践课程等。[①] 研究生阶段则需结合国家对专业人才的战略需求，开设更多特色课程，如教育人工智能课程、教育大数据相关课程等。

（三）完善科教融合与产教融合育人机制，加强知识创新与实践创新能力培养

科教融合是将优质科学研究资源转化为人才培养优势的必然选择，产教融合是推进人力资源供给侧结构性改革的迫切要求。教育技术学需要以科研项目支撑人才培养，加强科研训练，大力推动科研成果转化，以激发创新积极性，

---

① 杨宗凯.以信息化全面推动教育现代化：教育技术学专业的历史担当[J].电化教育研究，2018，39(1)：5-11.

释放创造潜能,培养人才创新能力。为了适应国家战略对教育信息化人才的需求,教育技术学还需要将人才培养与行业、产业和就业的市场需求紧密对接,创建政府、企业与高校协同育人机制与模式。①

总而言之,教育技术学的发展应围绕国家战略需求,在跨学科交叉融合背景下,重构课程体系,创新科教融合与产教融合的机制,培养满足科技创新和产业升级需求的创新型、应用型、技能型人才,让各类人才在服务国家经济社会发展中尽展所长。

---

① 胡钦太,陈斌,王妍莉.我国教育技术学人才培养现状与未来趋势:面向"十四五"的调研分析及建议[J].中国电化教育,2021(1):66-72.

附 录

2020年中国教育信息化大事记

1月

1月2—5日,中央电化教育馆主办的"网络学习空间人人通"专项培训总结会在海南海口举行,专家团队就2016—2019年专项培训的经验、成果及问题进行总结梳理。

1月6日,《中央电化教育馆关于公布"一师一优课、一课一名师"活动资源应用案例入围名单的通知》印发,公布了138个案例入围中央电化教育馆汇编的《优课资源创新应用案例》。

1月10日,《中央电化教育馆关于公布"中国梦—行动有我:2019年中小幼学生'成语中国'微电影征集展播活动"结果的通知》(教电馆〔2020〕1号)印发,公布了入围"展播优秀作品""优秀剧本""优秀指导教师"名单。

1月12—15日,2019年度网络学习空间应用普及活动候选区域和学校遴选会在河北石家庄召开,遴选出40个候选区域和211所候选学校入围远程答辩环节。

1月16日,《中央电化教育馆关于公布"中国梦—行动有我:2019年全国中小学校本德育课程和教育案例评选展播活动"优秀作品名单的通知》(教电馆〔2020〕2号)印发,公布了活动中优秀作品名单。

1月16日,中央电化教育馆在北京举办了第二十一届全国中小学生电脑制作活动人工智能项目全国现场交流活动专家研讨会,明确了开展人工智能项目的实施方案和组织流程。

1月17日,《中央电化教育馆关于公布"教育云规模化学科应用支持服务模式研究"项目第二批优秀试点地区和优秀实验校名单的通知》(教电馆〔2020〕3号)印发,公布了项目第二批优秀试点地区和优秀实验校名单。

续表

2月

2月4日,《教育部应对新型冠状病毒感染肺炎疫情工作领导小组办公室关于在疫情防控期间做好普通高等学校在线教学组织与管理工作的指导意见》(教高厅〔2020〕2号)印发,提出采取政府主导、高校主体、社会参与的方式,共同实施并保障高校在疫情防控期间的在线教学。

2月6日,《教育部应对新型冠状病毒感染肺炎疫情工作领导小组办公室关于疫情防控期间以信息化支持教育教学工作的通知》(教技厅函〔2020〕7号)印发,就扎实做好教育信息化工作、支持学校延期开学期间线上教学工作开展提出了六点工作任务和四点工作要求。

2月12日,《教育部办公厅、工业和信息化部办公厅关于中小学延期开学期间"停课不停学"有关工作安排的通知》(教基厅函〔2020〕3号)印发,对于做好中小学延期开学期间"停课不停学"工作做出指示,并提供了信息化教育资源渠道以及组织实施策略。

3月

3月5日,《教育部关于加强"三个课堂"应用的指导意见》(教科技〔2020〕3号)印发,就进一步加强"专递课堂""名师课堂""名校网络课堂"应用提出意见。

3月17日,《国家发展改革委办公厅、工业和信息化部办公厅关于组织实施2020年新型基础设施建设工程(宽带网络和5G领域)的通知》发布,提出应加快实施"宽带中国"战略,组织实施2020年新型基础设施建设工程(宽带网络和5G领域),公布了"5G+智慧教育"应用示范的智慧教育相关工程。

3月17日,《中央电化教育馆关于开展2019年度教育信息化教学应用实践共同体项目线上培训通知》(教电馆〔2020〕6号)印发,定于2020年3月下旬开展线上培训,公布了培训的信息和安排。

续表

3月19日,教育部办公厅印发《教育部直属机关软件正版化管理办法》。

3月20日,中央电化教育馆发布2020年"网联优教"—教育信息化精准扶贫项目征集公告,聚焦"三区三州"深度贫困地区及未摘帽贫困县的义务教育薄弱学校办学条件,助力全面完成脱贫攻坚任务,面向社会开展征集活动。

3月31日,《中央电化教育馆关于公布2020年"数字校园综合解决方案"第一批测试合格名单的通知》(教电馆〔2020〕11号)印发。

4月

4月7日,中央电化教育馆发布通知,面向全国中小学校、职业院校征集疫情防控期间"网络学习空间"主题应用案例。

4月7日,《中央电化教育馆关于调整"教研共同体协同提升试点项目"试点县和名师教研共同体入选名单的通知》(教电馆〔2020〕13号)印发,正式确定了"教研共同体协同提升试点项目"入选名单。

4月7日,《中央电化教育馆关于印发〈2020年数字教育资源公共服务工作要点〉的通知》(教电馆〔2020〕17号)印发,确保落实教育信息化2.0及"停课不停学"疫情联防联控的总体部署。

4月8日,《中央电化教育馆关于征集疫情防控期间"网络学习空间"主题应用案例的通知》(教电馆〔2020〕12号)印发,旨在推动网络学习空间普及应用。

4月9日,《中央电化教育馆关于发布第二十四届全国教师教育教学信息化交流活动指南的通知》(教电馆〔2020〕16号)印发,引领各地组织活动、落实各项工作。

4月9日,《中央电化教育馆关于组织开展"中国梦—行动有我:2020年中小幼学生'成语中国'微电影征集展播活动"的通知》(教电馆〔2020〕14号)印发,旨在推进融合教育,丰富中小学生及幼儿影视教育活动。

续表

4月10日，中国高校在线教学国际平台课程建设工作视频会议召开，部署了支持高校在线教学英文版国际平台和课程建设。

4月13日，教育部发布《2020年全民国家安全教育日有关活动信息公告》，指导各地各校深入开展形式多样、内容丰富的网络安全、公共卫生安全等宣传教育活动。

4月20日和28日，"学堂在线"国际版和"爱课程"国际平台先后发布。

5月

5月14日，教育部召开新闻发布会，介绍疫情期间大中小学在线教育有关情况和下一步工作考虑。教育部网站"战线联播"刊发《中央美术学院积极建好"云"课堂有序推进疫情期间教学工作》等3篇报道。

5月15日，《中央电化教育馆关于组织开展2019年度网络学习空间应用普及活动答辩工作的通知》（教电馆〔2020〕27号）印发，公布了40个候选区域和211所候选学校进行远程视频答辩的有关事宜。

5月18日，《中央电化教育馆关于公布2020年"数字校园综合解决方案"第二批测试合格名单的通知》（教电馆〔2020〕28号）印发。

5月18日，《中央电化教育馆关于公布"互联网+教育背景下的跨区域同步教学对教育生态的重构研究"子课题立项清单的通知》（教电馆〔2020〕29号）印发。

5月19日，中央电化教育馆举办了一期"职业岗位核心能力精品课"项目线上培训。

5月21日，《中央电化教育馆关于组织开展中央电化教育馆—英特尔"智能互联教育"项目"停课不停学"在线教育优秀案例征集工作的通知》印发。

5月21日，《中央电化教育馆关于开展申报加入中央电化教育馆—英特尔"智能互联教育"项目合作共同体工作的通知》印发。

续表

5月26日,《中央电化教育馆关于组织申报中小学虚拟实验教学实验区(含实验校)的通知》(教电馆〔2020〕32号)印发。

5月27日,教育部发布第二届教育信息化专家组名单,共35名成员,赵沁平任组长,董奇、周洪宇、杨宗凯任副组长,黄荣怀任秘书长,任期至2022年12月31日。

6月

6月2日,《中央电化教育馆关于"2019年度网络学习空间应用普及活动"答辩工作的补充通知》印发。

6月8日,《中央电化教育馆关于开展职业院校网络与信息安全专业校企合作建设项目的通知》(教电馆〔2020〕24号)印发,旨在促进职业院校网络与信息安全专业人才培养。

6月9日,《中央电化教育馆关于公布"2020年新媒体新技术教学应用研讨会暨第十三届全国中小学创新课堂教学实践观摩活动"网络课例遴选结果的通知》(教电馆〔2020〕34号)印发。

6月16日,中央电化教育馆下发《关于公布2018年度教育信息化教学应用实践共同体项目验收结果的通知》(教电馆〔2020〕36号),18个实践共同体项目通过验收。

6月24日,《教育部关于发布〈职业院校数字校园规范〉的通知》(教职成函〔2020〕3号)发布,旨在规范、引导职业院校在新形势下的信息化工作,发展"互联网+职业教育"。

6月29日,《中央电化教育馆关于公布2020年"数字校园综合解决方案"第三批测试合格名单的通知》印发。

7月

7月3日,《中央电化教育馆关于开展2021年"数字校园综合解决方案"征集工作的通知》(教电馆〔2020〕41号)印发,旨在推动数字校园建设与

续表

普及。

7月7日,《中央电化教育馆关于召开2020年全国电化教育馆馆长会的通知》(教电馆〔2020〕42号)印发。

7月13日,《中央电化教育馆关于教研共同体协同提升试点项目2020—2021年度平台技术服务遴选的公示》发布。

7月14日,国家发展改革委等13个部门联合发布《关于支持新业态新模式健康发展激活消费市场带动扩大就业的意见》(发改高技〔2020〕1157号),提出要大力发展融合化在线教育,构建线上线下教育常态化融合发展机制,形成良性互动格局。

7月15日,2020年全国教育信息化工作视频会议在北京召开。教育部党组成员、副部长钟登华出席会议并讲话。会议总结了疫情期间的教育工作,指出要吸取"停课不停学"的经验,趁势而上加快推进教育信息化建设。会议强调要确保教育信息化"十三五"规划圆满收官,全方位推进教育信息化建设。

7月16日,《中央电化教育馆关于公布中小学虚拟实验教学实验区(含实验校)名单的通知》(教电馆〔2020〕48号)印发。

7月17日,《中央电化教育馆关于实施在线教育应用创新项目的通知》(教电馆〔2020〕50号)印发,旨在推动在线教育创新与发展。

7月20日,《中央电化教育馆关于举办全国学生信息素养提升实践之2020年央馆—乐高教育科创活动的通知》(教电馆〔2020〕49号)印发,旨在培养创新型人才,提升师生信息素养。

7月21日,2020中国高校教育信息化建设专题研讨会通过线上举行。

7月27日,《国家标准化管理委员会、中央网信办、国家发展改革委、科技部、工业和信息化部关于印发〈国家新一代人工智能标准体系建设指南〉的通知》(国标委联〔2020〕35号)印发,阐述了智能教育领域工作的

续表

开展要求。

7月28日,《中央电化教育馆关于公布"疫情防控期间'网络学习空间'主题应用案例"遴选结果的通知》(教电馆〔2020〕55号)印发。

7月30日,《中央电化教育馆关于公布首批职业院校网络与信息安全专业校企合作建设项目院校名单的通知》(教电馆〔2020〕51号)印发。

7月30日,中国网络社会组织联合会、中央电化教育馆、共青团中央权益部发布《倡议书:共建未成年人"清朗"网络空间》,倡议为未成年人建设优质网络空间。

8月

8月1日,多家企业共同签署《共建未成年人"清朗"网络空间承诺书》,在"净化网络环境、增强主体意识、提高法律意识、抵制低俗信息、建立长效机制、接受社会监督"6个方面做出承诺。

8月3日,《中央电化教育馆关于举办中小学虚拟实验教学项目启动会暨培训会的通知》(教电馆〔2020〕56号)印发。

8月6日,《中央电化教育馆关于教研共同体协同提升试点项目2020—2021年度平台技术服务遴选结果的公示》印发。

8月26日,《中央电化教育馆关于组织申报人工智能教育实验校(小学阶段)的通知》(教电馆〔2020〕60号)印发,提出遴选一批实验校,免费试用"中央电化教育馆中小学人工智能课程"。

8月27日,《中央电化教育馆关于组织开展"中国梦—行动有我:2020年中小幼学生'成语中国'微电影征集展播活动"在线培训的通知》印发。

8月27日,中央电化教育馆根据《关于开展2019年度教育信息化教学应用实践共同体项目中期检查的通知》(教技司〔2019〕253号),组织开展项目中期检查工作。

8月27日,中央电化教育馆在北京举办教研共同体协同提升交流研讨网

续表

络培训，28个名师团队、79个项目县的负责人和教师参加了培训。

8月28日，《教育部等六部门关于加强新时代乡村教师队伍建设的意见》（教师〔2020〕5号）印发，要求发挥5G、人工智能等新技术助推作用，深化师范生培养课程改革，实施中小学教师信息技术应用能力提升工程2.0，加强县域内教育资源公共服务平台建设。

8月30—31日，2020年教育部高等学校教学信息化与教学方法创新指导委员会年会暨高校在线教育改革创新研讨会在哈尔滨工业大学（威海）举行。会议研究讨论了疫情带来的挑战和在线教育对高校教育教学的影响，交流疫情期间在线教育典型案例，探讨疫情后新常态下的教育教学改革前景。受疫情影响，会议采用线上线下相结合的方式进行。

9月

9月2日，《中央电化教育馆关于召开职业院校网络与信息安全专业校企合作建设项目研讨会的通知》（教电馆〔2020〕64号）印发。

9月22—24日，教育部科学技术司在河北秦皇岛举办中小学校长教育信息化专题培训，青龙满族自治县与威县共计130名中小学校长参训。

9月23日，《教育部等九部门关于印发〈职业教育提质培优行动计划（2020—2023年）〉的通知》（教职成〔2020〕7号）印发，旨在实施职业教育信息化2.0建设行动，提升职业教育信息化建设水平，推动信息技术与教育教学深度融合。

10月

10月13日，中共中央、国务院印发《深化新时代教育评价改革总体方案》，为信息时代教育评价提出了新的意见和建议。

10月14日，《中央电化教育馆关于实地考察2020年"网络学习空间人人通"专项培训基地学校的通知》印发。

10月16日，《中央电化教育馆关于召开加速教育创新与重构及"三个课

续表

堂"建设交流研讨会的通知》(教电馆〔2020〕65号)印发,旨在加速新时代智慧教育发展,普及网络空间应用。

10月20日,《中央电化教育馆关于公布中小学人工智能教育实验校(小学阶段)名单的通知》(教电馆〔2020〕66号)印发。

10月21日,《中央电化教育馆关于成立中小学虚拟实验教学专家组的通知》印发。

10月28日,《中央电化教育馆关于组织开展"基于新技术开展红色教育资源建设与应用项目"网络问卷调研工作的通知》印发。

10月30日,教育部、国家文物局联合印发《关于利用博物馆资源开展中小学教育教学的意见》,提出要加强博物馆网络教育资源建设,创新博物馆学习方式。

11月

11月4日,《教育部办公厅关于开展2020年度网络学习空间应用普及活动的通知》(教科技厅函〔2020〕43号)印发,提出按照"普及应用、融合创新、示范推广"的原则,依托国家数字教育资源公共服务体系,组织师生开通实名制网络学习空间,推荐遴选出40个网络学习空间应用优秀区域和200所优秀学校进行展示推广,推动逐步实现"一人一空间、人人用空间"。

11月12日,教育部在江西南昌召开全国学校联网攻坚行动推进会,教育部党组成员、副部长钟登华出席会议并讲话。

11月17日,《中央电化教育馆关于总结全国学生信息素养提升实践活动("中国移动'和教育'杯"第二十一届全国中小学电脑制作活动)数字创作、程序设计项目参与情况的通知》(教电馆〔2020〕64号)印发。

11月19日,《中央电化教育馆关于开展2020年中小学校长、骨干教师"网络学习空间人人通"专项培训工作的通知》(教电馆〔2020〕68号)印发。

11月25—27日,2020年教育部—中国电信中小学校长"网络学习空间人人通"专项培训分别在江苏高邮、福建晋江举办，近500人参训。

11月27日，《中央电化教育馆关于遴选中国教育发展基金会—戴尔"数字经济下的未来劳动力技能提升"项目院校的通知》（教电馆〔2020〕67号）印发。

12月

12月2日，《中央电化教育馆关于发布职业院校网络与信息安全专业校企合作建设项目人才培养系列方案（指导意见）的通知》（教电馆〔2020〕74号）印发。

12月7日，由联合国教科文组织、中国教育部、中国联合国教科文组织全国委员会共同举办的国际人工智能与教育会议开幕。会议以"培养新能力 迎接智能时代"为主题，探讨智能时代人类需要具备的核心素养，研究未来教育发展战略和育人方式。中国教育部部长陈宝生在会上介绍了中国政府全力实施2030年教育议程、加快推进教育现代化的实践、探索和展望。

12月7—8日，中央电化教育馆在河北青龙举办"教研共同体协同提升试点项目"现场工作推进会。

12月8日，《中央电化教育馆关于举办2021年度全国教育教学信息化交流展示活动的通知》（教电馆〔2020〕78号）印发。

12月8日，《中央电化教育馆关于公布职业院校数字校园建设实验校项目总结工作情况的通知》（教电馆〔2020〕79号）印发。

12月9日，《中央电化教育馆关于举办"2020全球人工智能与教育大数据大会"的通知》（教电馆〔2020〕73号）印发。

12月9日，《中央电化教育馆关于公布第十一届"中国移动'和教育'杯"全国教育技术论文活动遴选结果的通知》（教电馆〔2020〕77号）印发。

12月11—12日，2020全球人工智能与教育大数据大会在北京举行，议

续表

题涵盖了人工智能、大数据、脑科学、心理健康、智能化教学、教学评价等诸多领域。

12月15日,《中央电化教育馆关于公布中国教育发展基金会—戴尔"数字经济下的未来劳动力技能提升"项目院校名单的通知》印发。

12月23日,《中央电化教育馆关于公布2020年"数字校园综合解决方案"第四批测试合格名单的通知》(教电馆〔2020〕80号)印发。

12月30日,《中央电化教育馆关于学生信息素养提升实践活动("中国移动'和教育'杯"第二十一届全国中小学电脑制作活动)创客、人工智能、机器人项目全国交流活动有关安排的通知》印发。

12月31日,《中央电化教育馆关于公布"信息技术支持下的区域研修模式研究及试点"项目验收结果的通知》(教电馆〔2020〕82号)印发。

指标设计与指数测算方法

一、指标设计与指数测算

基于《教育信息化十年发展规划（2011—2020年）》《教育信息化"十三五"规划》《教育信息化2.0行动计划》的有关要求，对我国教育信息化发展宏观指标进行五个维度的基本划分，包括基础设施、教育资源、教学应用、管理信息化、保障机制。

基础设施维度，主要涵盖教育信息化基础设施方面的指标，如拥有创新实验室的学校比例、交互式多媒体设备配置情况、每百名学生拥有学习用终端数量、每名教师拥有教学用终端数量、出口带宽1 000 Mbps以上的学校比例、无线网络部署情况等。

教育资源维度，主要涵盖数字教育资源全覆盖情况的指标，如接入地市级及以上教育资源公共服务平台的学校比例、开通网络学习空间的学校/教师/学生比例、主科（含语文、数学、外语）拥有与纸质教材完整配套数字教育资源的学校比例、人工智能课程开设情况等。

教学应用维度，主要涵盖信息技术教学应用方面的指标，如主科实现信息技术课堂教学常态化应用的学校比例、应用网络学习空间开展教研/教学的教师比例、多媒体教室使用率、课堂教学环节使用数字教育资源的教师比例等。

管理信息化维度，主要涵盖学校管理信息化方面的指标，包括实现教务管理信息化的学校比例、学校资产管理信息系统应用情况、学校师生管理信息系统应用情况、安全监控系统部署情况等。

保障机制维度，主要涵盖学校信息化工作保障机制方面的指标，包括副校级及以上领导主管信息化建设的学校比例、信息技术课程专任教师比例、"网络学习空间人人通"专项培训参与率、教师信息技术常态化应用推进机制制定情况等。

指数测算过程包括：

第一，构建指标体系。依据《教育信息化十年发展规划（2011—2020年）》《教育信息化"十三五"规划》《教育信息化2.0行动计划》《中国教育现代化2035》确定评估维度，建立以基础设施、教育资源、教学应用、管理信息化、保障机制为核心的评估指标框架。

第二，完成指标赋权。综合主观赋权法和客观赋权法的优势，采用组合赋权法测算指标综合权重，兼顾评估对象调研数据反映的客观性和评估专家对评价指标的经验性分析，最大程度准确反映评价对象各指标的权重特性。

第三，测算发展指数。构建教育信息化发展指数模型，针对教育信息化发展的领域特征，设计了具有普适性的区域教育信息化发展指数测算方法。

二、综合指数测算模型

（一）指标权重计算

采用基于博弈论的组合赋权法确定各个指标的权重。首先，使用AHP法计算出指标的主观权重，使用CRITIC法计算出指标的客观权重。其次，基于博弈论计算指标的组合权重，使组合权重与主观权重、客观权重的离差极小化。

基于博弈论的组合赋权法得到的组合权重介于AHP法和CRITIC法确定的权重之间，是主观权重和客观权重的优化组合。组合赋权法通过一系列运算过程量化规定了主观权重和客观权重分别在综合评价中的比重，协调和均衡了AHP法和CRITIC法对赋权结果的作用和影响，最大限度地克服了单一权重的片面性，使得综合评价更科学合理，具有更好的解释性和说明性。

（二）指数测算方法

教育信息化发展指数可以用来评价与比较国家或地区的教育信息化发展水平，也能够反映一个国家或地区教育信息化的发展进程和变化情况。本报告首先对各指标数据进行标准化处理，消除各指标的量纲，然后采用线性加权模型进行指数计算。具体计算公式为：

$$EDI = \sum_{i=1}^{n} W_i \left(\sum_{j=1}^{m} W_{ij} Z_{ij} \right)$$

在公式中，EDI表示教育信息化发展指数，n为教育信息化发展指数的分类个数，m为教育信息化发展指数第i类指数的指标个数，W_i为第i类指数在总指数中的权重，且$\sum_{i=1}^{n} W_i = 1$，W_{ij}为第j项指标在第i类指数中的权重，且$\sum_{i=1}^{n}\sum_{j=1}^{m} W_{ij} = 1$，$Z_{ij}$为第$i$类指数中第$j$项指标无量纲化后的值。指标无量纲化处理采取对数方式，避免省际指标数据变化过大造成各维度指数突变。